일본의 저출산 대책은
왜 실패했는가?

결혼·출산을 회피하는 진짜 원인

일본의 저출산 대책은
왜 실패했는가?

결혼·출산을 회피하는 진짜 원인

야마다 마사히로(山田昌弘) 저

김경회(金慶會) 역

제이앤씨
Publishing Company

머리말 — "자식을 고생시키고 싶지 않다"는 일본인

"학자금 대출이 있는 사람과는 사귀지 마라"는 어머니

우선 내가 가족을 연구하며 접하게 된 두 가지 에피소드를 소개한다.

첫 번째는, 대학 강의에서 매년 학생들에게 "어떤 사람과 사귀고 싶은가"라는 설문조사를 하고 있는데, 이와 관련된 이야기이다. 가장 많이 나오는 대답은 "말이 통하는 사람"이지만, 그 밖에 남성은 "예쁜 사람", 여성은 "착한 사람" 등의 답변이 많았다.

그런 여러 답변 가운데 " '학자금 대출이 있는 사람과 사귀어서는 안 된다'라고 어머니가 말씀하셨다"라는 답변이 있었다. "결혼하고 나서 대출금을 갚느라 고생하니까"가 이유라고 한다.

사귀는 사람과 장래 결혼할 가능성이 크다는 것은 이해할 수 있다. 어머니가 자식의 장래를 걱정하는 마음도 이해할 수 있다. 대학 진학 때 대출받은 학자금을 사회인이 되고 나서 갚지 못해 개인파산을 하는 문제가 세상을 떠들썩하게 했던 시기라는 것도 영향을 끼쳤을 것이다.

다만 부모가 자식의 연애에 대해 그렇게까지 세세하게 조언하는 시대가 된 것인가 하는 느낌이 들었다.

나도 부모가 부유한 편이 아니라 학창시절 학자금 대출을 받았다. 만약 지금이라면 아내와의 교제는 어려웠을지도 모른다.

이 이야기를 저출산 문제를 취재하러 온 기자(대형 출판사의 남성 정사원)에게 해보았다. 기자는 수긍하였을 뿐 아니라 "나는 결혼 약속을 한 애인이 있지만, 두 사람 모두 학자금 대출 상환으로 고생하고 있다. 그래서 둘이 의논해 어느 정도 상환할 전망이 설 때까지 결혼하지 않기로 했다. 하물며 빚을 진 상태에서 자식을 키울 수 없다"라고 잘라 말했다.

또한 '요미우리讀売신문' 사이트인 '하츠겐고마치發言小町'[1]에는, 사귀고 있는 여친에게 학자금을 상환하고 있다고 얘기했더니 약혼이 파기될 것 같다, 어떻게 하면 좋으냐고 하는 남성의 투고도 있었다 (2019년 12월 25일 투고).

두 번째로, 나는 미혼자에게 인터뷰 조사를 할 때는 반드시 "연봉이 어느 정도 되는 사람과 결혼하고 싶은가"라는 질문 항목을 넣는다.

---

1 [역주] 요미우리 신문이 운영하는 상담 게시판. 연애, 육아, 일 등과 관련된 고민을 익명으로 상담해준다.

이미 20년이나 지난 조사이지만(2003년 무렵), 부모와 함께 사는 어떤 30대 미혼(내가 말하는 패러사이트 싱글²) 여성에게 물어보았다. 그녀는 연봉 1,000만 엔(1억 원) 이상의 결혼 상대를 구한다고 대답했다.

"나는 전업주부인 어머니 손에서 자랐고, 피아노를 본격적으로 배워 음악대학까지 나왔다. 내 자식도 그만큼의 돈을 들여 키우고 싶기 때문에 남편 수입이 그 정도는 되어야 한다"라고 설명했다.

그녀 자신은 음악 관련 직업의 꿈은 이루지 못하고 비정규 사무직으로 일하고 있었고, 연봉은 200만 엔(2천만 원) 정도였다.

현대 젊은이 · 일본인이 보통 갖고 있는 의식을 외면하고 있지는 않은가?

나는 가족 사회학 연구자이다. 대학원에 진학한 후 이럭저럭 30년

---

2 [역주] 패러사이트 싱글parasite single은 일본에서 경제적 독립을 이루지 못하고 부모의 경제력에 기대 생활하는 미혼자를 칭하는 용어이다. 이들은 학교를 졸업한 후에도 부모와 함께 살면서 기초 생활비와 소비 생활 등 모든 것을 부모에게 의존한다. 이 책의 저자인 야마다 마사히로 교수가 1999년 발간한 『패러사이트 싱글의 시대』에서 처음 사용한 이후 잘 알려진 표현이다.

이상을 일본의 결혼난結婚難, 저출산 문제를 다루어 왔다.

지금까지 가족이나 결혼에 대한 이론 분석이나 학설 연구만이 아니라 수많은 실태조사를 해오고 있다. 통계 데이터 분석이나 설문지(앙케트) 조사 등의 양적 분석만이 아니라 개인에 대한 인터뷰 조사를 하며 미혼자들의 생생한 목소리를 많이 들어왔다.

그랬더니 **수치 데이터만으로는 보이지 않던 저출산의 일본적 특징이 드러나기 시작했다.**

우선 첫머리에 다룬 사례처럼 "학자금 대출을 상환하면서 결혼생활을 하는 것은 불안하다"와 같은 **장래 생활에 대한 불안 의식**이 있다.

"앞으로 태어날 내 자식에게도 내가 성장할 때보다 더 나은 환경을 마련해주고 싶다"와 같은 **아직 태어나지도 않은 자식에 대한 애정에 관한 의식**은 예전의 저출산 분석 틀에서는 다루어지지 않았다. 하지만 이러한 '사고방식'이 개개인이 결혼이나 출산을 결정할 때 실제로 '결정적'이라 할 수 있는 요인이 되고 있는 것은 아닐까?

30년 전에 20대였던 지금의 중장년층은 아마 이러한 사고방식을 이해하기 어려울지도 모른다.

"월 수만 엔(수십만 원)의 학자금 대출 상환? 별거 아니야", "결혼하면 어떻게든 살아갈 수 있어", "피아노 같은 건 가르치지 않아도 아이는 잘 자라", "그렇게 돈 잘 버는 사람을 기다려봤자 나타날 리가 없지" 하면서 요즘 젊은이들이 사치스럽다고 화내는 사람도 있을지 모른다.

그러나 **결혼이나 육아에 있어 이러한 문제들은 현대사회를 사는 젊은이에게는 절실한 것이다.** 가령 월 수만 엔의 학자금 상환일지라도 아이를 키우는 가정의 여유를 앗아갈 수도 있다. 앞에서 말한 것처럼 학자금을 갚지 못해 개인파산을 한다는 뉴스도 보도되고 있다.

이러한 상황에 직면했을 때, "결혼 상대가 학자금 대출만 없었더라면 즐거운 생활이 가능했을지도 모르는데" 하며 후회할지도 모른다. 아이가 "피아노를 배우고 싶다", "음대에 가고 싶다"고 말을 꺼냈을 때 자기는 부모 돈으로 할 수 있었는데 아이에게는 "돈이 없어 안돼"라고 말하기는 괴로울 거라고 상상해버린다.

젊은이는 장래의 결혼 상대뿐 아니라, 교제할 상대도 이런 생각을 하면서 고른다.

결혼 적령기 자녀를 가진 부모도 마찬가지이다.

첫머리에 나온 어머니는 딸에게 결혼 후 돈 때문에 고생하는 일이 없도록 이런 상대와의 교제를 피하라고 조언했던 것이다.

"자식을 고생시키고 싶지 않다" ─일본의 저출산 배경에는 이러한 의식이 있는 것은 아닐까?

그리고 이것뿐만 아니라 현대를 살아가는 일본인 대부분이 보통 갖고 있는 사고방식이 저출산을 초래하는 큰 요인이 되고 있고, 이러한 의식을 고려하지 않는 것이 일본의 저출산 대책을 실패로 이끄는 것은 아닐까?

이 책을 쓴 목적은 무엇보다도 일본의 저출산 정책이 빗나갔다는 점을 지적하려는 것이다. 그리고 그 배후에 있는, 일본 사회를 특징 짓는 다양한 제도·의식과 경제 상황의 변화가 저출산을 초래하고 있음을 강조하고 싶다.

목차

제1장

일본의 저출산 대책의 실패

(1) 세계에서 '반면교사'[3]가 되는 일본의 저출산 대책

저출산율의 장기화

일본에서는 헤이세이平成[4]에 들어온 이래, 합계출산율 1.6 이하의 상태가 30년 이상 계속되고 있다(1.5 이하로도 25년이다).

합계출산율(Total Fertility Rate, TFR)은 원래 인구학 전문 용어였으나 지금은 쉽게 접할 수 있는 말이 되었다. 이는 '여성 1명당 평생 낳는 평균 자녀 수'의 지표로 사용된다.

합계출산율이 2.07명을 상회하면 인구는 증가하고 하회하면 감소한다.

즉, 어느 나라에서 평균수명이 일정하고 이민이 없다고 가정한다면, 여성이 일생동안, 성인이 될 때까지 생존하는 여아 1명을 낳으면, 그 사회의 인구는 거의 일정하게 유지된다(1명의 여성이 일생에 낳는 여아의 평균수를 '총재생산율'이라 한다). 이 상태의 인구를 정지인구靜止人口[5]라 한다.

---

3 [역주] 반면교사反面教師란 다른 사람이나 사물의 부정적인 측면을 보고 가르침을 얻는다는 뜻.

4 [역주] 헤이세이平成 시대는 일본 천황의 재위 기간에 따른 시대 구분으로 1989년 1월 8일부터 2019년 4월 30일까지의 기간이다. 2019년은 헤이세이 31년에 해당한다. 2019년 5월 1일부터는 새로운 천황이 즉위함에 따라 새로운 연호인 '레이와 슈和'가 사용되고 있다.

5 [역주] 늘거나 줄거나 하지 않는 인구. 해마다 남녀별·연령별 출생률과 사망률이 일정하여 인구의 증가율이 0이 되며, 그 크기 및 남녀의 연령별 인구구조가 일정한 것으로 가정하였을 때의 인구를 말한다.

자료1 출생아 수, 합계출산율의 연도별 추이

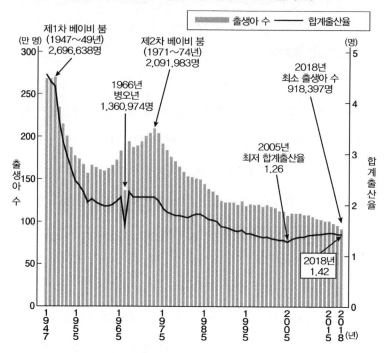

출처 : 후생노동성 『인구동태통계』(2018)

자료2 출생아 수, 합계출산율 추이(실적치)

	합계 출산율(명)	출생아 수 (명)		합계 출산율(명)	출생아 수 (명)
1950년	3.65	2,337,507	1990년	1.54	1,221,585
55년	2.37	1,730,692	95년	1.42	1,187,064
60년	2.00	1,606,041	2000년	1.36	1,190,547
65년	2.14	1,823,697	05년	1.26	1,062,530
70년	2.13	1,934,239	10년	1.39	1,071,375
75년	1.91	1,901,440	15년	1.45	1,005,721
80년	1.75	1,576,889	19년*	(1.42)	864,000
85년	1.76	1,431,577	(*추계치. 합계출산율은 2018년)		

(1973년까지는 오키나와현을 포함하지 않음)
후생노동성 『인구동태통계』로부터 작성

자료3 일본 총인구의 인구증감수 및 인구증감률 추이(1950~2019년)

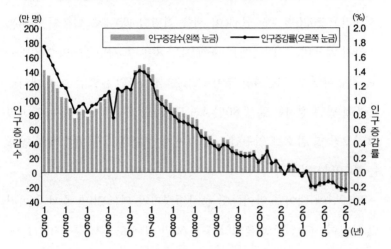

주) 인구증감률은 전년 10월부터 당년 9월까지의 인구증감수를 전년 인구(기초인구)로
　나눈 것.
출처 : 통계국 홈페이지 『인구추계』(2019년 10월 1일 현재)
　　　https://www.stat.go.jp/data/jinsui/2019np/index.html

　생물학적으로 인류人類에서는 남성이 조금 더 많이 태어나기 때문에(여성 1명에 대해 남성이 약 1.05명), 정지인구에 있어 합계출산율은 2를 조금 넘고 2.1에는 미치지 않는다.

　합계출산율이 1.6을 하회하는 상태가 30년간 지속하면 인구는 감소하고 고령화율은 상승한다(**자료1, 자료2** 참조). 이민(국제이동)이나 장수화의 효과도 있어 실제로 일본에서 인구감소가 시작된 것은 2008년 무렵이라고 본다(**자료3** 참조).

　한 세대의 연령차(부모와 자식의 평균 연령차)는 대개 30년이다. 합계출산율 저하가 심각해지기 시작한 것이 30년 전(1990년)이고, 그때 태어난 아이들이 2015년에 25세가 되었으니, 아이 출생이 줄어들던 시대에 태어난 세대가 이미 출산·육아기에 들어서고 있다.

그리고 2020년 4월 현재(이 책을 집필할 때)에도 회복의 징후는 보이지 않으며, 2018년에는 출생 91만 8천 명, 사망 136만 2천 명으로, 차감하면 약 44만 4천 명이 감소했다(이민의 유출입 효과 제외).

2019년 추정치는 출생 86만 4천 명, 사망 137만 6천 명, 차감하면 51만 2천 명 감소로 인구감소에 박차가 가해지고 있다(확정치 발표는 2020년 9월)[6].

2019년에 태어난 아이들이 출산적령기가 되는 30년 후까지 이러한 상황이 지속된다면 출생아 수는 60만 명 정도까지 떨어진다(1990년 이후로는 출생아 수가 30년 전에 태어난 사람 수의 '약 70%' 선에서 움직이는 것을 **자료2**에서 알 수 있다).

'반면교사'가 되고 있는 일본의 저출산 대책―무사태평한 나라, 일본?

나는 가족사회학자로서 외국의 연구자, 정부관계자, 저널리스트로부터 일본의 저출산에 대해 의견을 들려 달라는 요청을 자주 받는다. 해외 학회나 대학의 연구회뿐 아니라 일반인 대상의 강연회에도 초대되어 일본의 저출산 실태를 이야기할 기회가 많아지고 있다.

최근에는 중국이나 한국 등 동아시아 국가들로부터 문의가 서구 국가들 이상으로 많다. 저출산에 관한 많은 저작도 중국어(대만 포

---

6 [역주] 2019년 확정치는 출생 86만 5천 명, 사망 138만 1천 명, 차감하면 약 51만 6천 명 감소. 예상치보다 인구가 약 4천 명 더 감소했다.

함)나 한국어로 잇달아 번역되고 있다.

서구, 특히 북서 유럽의 연구자나 저널리스트는 "왜 일본정부는 저출산 대책을 시행해오지 않았는가"라는 질문을 해온다.

분명 프랑스, 그리고 스웨덴 등의 북유럽 국가들은 1980년 무렵 출산율이 2.0을 크게 밑돌아 1.6 정도까지 떨어졌다. 그러나 그 이후, 정부의 저출산 대책이 추진되어, 다소의 부침은 있었지만, 2016년에는 출산율이 1.92(프랑스), 1.85(스웨덴)까지 회복하고 있다(**자료4** 참조).

한편, 독일이나 스페인은 일본과 같은 저출산율이 계속되고 있지만, 이민을 대량으로 받아들이고 있어 인구감소에는 이르지 않고 있다(이탈리아는 2016년부터 인구감소가 시작되었다).

다만 EU라는 큰 시스템이 있어 노동력의 관점에서는 인구문제가 큰 비중을 차지하지 않는다. EU 안에서는 노동력 이동은 자유로워 노동력이 부족하면 다른 나라에서 들여오는 것이 가능하다(EU에서는 EU국 이외로부터의 이민이 중요한 문제가 되고 있다).

미국과 영국은 출산율이 높은 데다 대량의 이민을 받아들여 왔기 때문에 인구감소를 걱정하지는 않는다. 특히 미국은 인구가 크게 늘고 있다. 1980년에는 약 2억 2,762만 명으로 일본의 2배 미만이었지만, 2019년에는 약 3억 2,927만 명으로 일본의 거의 2.6배에 이르렀다. 일본에서 인구가 거의 늘지 않았던 기간, 미국에서는 약 40년간 1억 명 이상 인구가 늘었다.

자료4 서구 국가들의 합계출산율 추이

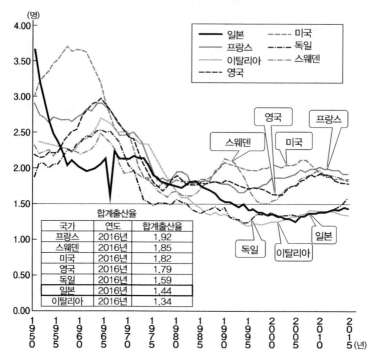

국가	연도	합계출산율
프랑스	2016년	1,92
스웨덴	2016년	1,85
미국	2016년	1,82
영국	2016년	1,79
독일	2016년	1,59
일본	2016년	1,44
이탈리아	2016년	1,34

자료 : 외국의 수치는 1959년까지 United Nations "Demographic Yearbook" 등, 1960~
2015년은 OECD Family database, 2016년은 각국 통계, 일본의 수치는 후생노동성
『인구동태추계』로부터 내각부 작성.
주) 2016년 프랑스의 수치는 헤이세이 30년 5월 16일 현재 잠정치.

출처 : 내각부 홈페이지 『세계 각국의 출생률: 외국의 합계출산율 동향(서구)』
https://www8.cao.go.jp/shoushi/shoushika/data/sekai-shusshou.html

자료5 서구의 인구 추이

(단위 : 만 명)

	일본	미국	영국	프랑스	이탈리아	스웨덴
1980년	11,633	22,762	5,633	5,373	5,639	832
2019년	12,619	32,927	6,687	6,482	6,636	1,032
증가율	8,7%	44.6%	15.2%	20,6%	17,7%	24,0%

자료5와 같이 서구 국가들은 39년간 15% 이상 인구가 늘어났지만, 일본만 약 10%의 낮은 증가율을 보였고, 또 몇 년 전부터는 인구 감소가 시작되고 있다.

이것이 경제에 영향을 주지 않을 리가 없다.

즉, 서구 전문가들의 말에 의하면, 일본은 30년 넘게 저출산이 진행되고 있는데도, 출산율의 회복을 위한 유효한 대책을 세우지 않은데다 이민도 받아들이려고 하지 않는다. 노동력 부족이나 고령화 진행에 따른 사회보장의 지속성에 대한 우려도 알고 있었을 것이다. 결국, 일본이 얼마나 무사태평한 나라냐는 말이 된다.

"일본처럼 되지 않으려면 어떻게 해야 하는가?"—동아시아 국가들의 관심

한편, 중국(홍콩, 대만 포함)이나 한국, 싱가포르 같은 나라의 관계자들은 나에게 "일본처럼 되지 않으려면 어떻게 해야 하는가?"라고 물어온다. 최근, 이들 나라에서는 출산율 저하가 급속히 진행되어 일본보다 출산율이 낮은 나라도 많다. 중국에서는 1979년부터 30년 이상 지속해온 1자녀 정책이 2016년에 완화되어 2명의 출생이 인정되게 되었다. 그러나 출산율은 회복되고 있지 않다는 보고도 있다.

다만 이들 아시아 국가의 저출산 문제가 심각해진 것은 최근이다. 1970년 시점에서 이들 국가의 출산율은 모두 일본의 수준을 웃돌았지만, 그 후 떨어지기 시작하여 현재는 인구대체수준[7]을 밑도는 수준이 되어 있다(**자료6** 참조). 고령화율(65세 이상 인구비율)은 일본이 28.4%(2019년 후생노동성 추계)로 세계 최고이다. 다른 동아시아 국가들은 아직 15% 이하이다(2015년……중국 9.6%, 한국 13.1%, 싱가포르 11.7%). 지금부터 대책을 시행하면 일본처럼 인구감소에 휩쓸리지 않아도 되는 것은 아닌가, 일본과 같은 고령화율이 되는 것은 피할 수 있는 것은 아닌가 하는 생각이 든다.

동아시아 국가들의 정부관계자나 언론은 일본의 저출산 정책이 효과를 올리지 못한 이유에 관심이 많다. 즉, 일본을 반면교사로 삼으려 한다. 일본처럼 인구감소에 직면하지 않아도 될 가능성을 찾아 나에게 물어보는 것이다.

제3장에서 상세히 서술하겠지만, 일본의 저출산과 서구의 저출산은 그 양상이나 발생 이유가 전혀 다르다고 나는 판단한다(이것은 '미혼화'에 대해서도 마찬가지이며 이 문제에 대해서는 이전 저서 『결혼불요사회結婚不要社會』[아사히신쇼朝日新書, 2019년]에서도 논하고 있다).

이와는 대조적으로 동아시아 국가들의 저출산은 일본과 공통점이 많다.

---

7 [역주] 인구대체수준replacement level fertility, 人口代替水準은 장기적으로 인구가 증가도, 감소도 하지 않는 균형된 상태가 되는 합계출산율 수준을 의미한다. 일반적인 선진국에서는 2.10 정도이며, 개발도상국 등 사망률이 높은 지역에서는 3 이상의 수준을 보이기도 한다.

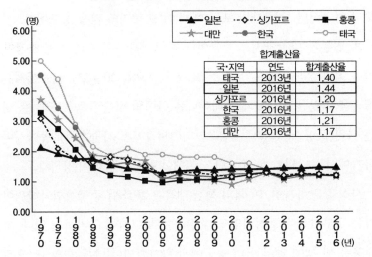

자료6 동아시아 국가들의 출산율 추이

국·지역	연도	합계출산율
태국	2013년	1.40
일본	2016년	1.44
싱가포르	2016년	1.20
한국	2016년	1.17
홍콩	2016년	1.21
대만	2016년	1.17

자료 : United Nations "Demographic Yearbook", WHO "World Health Statistics", 각국 통계, 일본은 후생노동성『인구동태통계』를 바탕으로 내각부 작성.
출처 : 내각부 홈페이지『세계 각국의 출산율: 주요 국가·지역의 합계출산율 추이(아시아)』
https://www8.cao.go.jp/shoushi/shoushika/data/sekai-shusshou.html

예를 들면, 미혼자 대부분이 성인[8]이 되어도 독립을 하지 않고 부모와 계속 동거하는 현상이 그러하다. 1997년 나는 이것을 '패러사이트 싱글'이라 이름 짓고 1999년에 책을 출판했는데(『패러사이트 싱글의 시대』 치쿠마신쇼新書), 출판 후 곧 중국어(대만)로, 2003년에는 한국어로 잇달아 번역되었다.

또 결혼하기 어렵게 되어 가는 상황을 묘사한『「혼활婚活」 시대』(디스커버 케이쇼携書, 2008년, 시라카와 도우코白河桃子 씨와 공저)도 그

---

8 [역주] 여기서 성인이란 19세 이상, 또는 고등학교를 졸업한 이후의 남녀를 말한다.

다음해에 중국어(본토)로 번역되었다. 최근에는 내가 쓴 책이 일본보다 한국이나 중국(대만 포함)에서 더 잘 팔리고 있을 정도이다.

또 일본과 마찬가지로 한국이나 중국에서는 동거나 혼외 출생이 아주 적다(혼외자율은 일본 2.3%, 한국 1.9%, 2016년). 서구에서는 결혼하지 않은 여성에게서 태어나는 아이의 비율이 높아 50%를 넘는 나라(프랑스, 스웨덴 등)도 많다(제4장에서 서술한다). 동아시아 국가에서는 남녀가 함께 살면 결혼해야 한다는 압력이 강하다.

사실을 말하자면, 이 책의 핵심 내용은 2018년 중국사회과학원이라는 정부기관에 초청되었을 때 발표한 보고서에 근거하고 있다. 그 내용은 이 책에 앞서 이미 중국에서 활자화되어 다른 책의 1장으로 출판되었다(2019년).

이처럼 '해외에서 보면', 일본은 출산율 저하라는 문제를 인식한 뒤에도 30년간(즉, 헤이세이 기간), 유효한 대책을 세우지 않고 저출산 현상을 방치해 저출산율이 장기간 지속하면서 인구감소가 시작되고, 세계 제일의 고령화가 진행되어 사회보장의 지속성에 우려가 생기고 있는 것처럼 보인다.

그러면 어떻게 해서 일본에서는 유효한 저출산 대책이 제대로 시행되지 않았던 것일까?

이 책을 통해 그 이유를 검증하고자 한다.

우선 저출산에 대한 인식과 대책의 역사를 돌아보며 고찰해 보려한다.

(2) 일본의 '저출산 대책 실패'의 경위

'저출산' 인식의 시작—1990년의 쇼크

일본에서 저출산 문제를 크게 인식하게 된 것은 지금으로부터 30년 전인 1990년 '1.57쇼크'라는 말이 만들어진 것이 큰 영향을 미쳤다(누가 만들었는지는 분명하지 않음).

이 '1.57쇼크'는 1989년의 합계출산율이 1966년의 출산율 '1.58'(1966년은 '병오ㄲㄴ'년, 병오년에 태어난 여성은 기가 너무 강해 결혼할 수 없다는 미신에 근거한 출산기피 현상으로 전후 최저의 출산율을 기록했다)보다 더 떨어진 데서 이름 지어진 것이다(다음해인 1967년에는 2.23으로 크게 뛰어올랐다. 20% 정도의 부모가 출산을 1년 연기했던 것으로 보인다).

여담이지만, 다음 병오년은 2026년이다.

나는 몇 년 전부터 학생들을 대상으로 "만약 병오년에 기회가 된다면 출산을 하겠는가?"라는 조사를 하고 있다. 예를 들어 2019년에 20세인 학생은 다음 병오년인 2026년에는 27세가 되어 출산기에 들어간다.

지금 대학생이 미신 따위를 믿을 리 없다고 생각했지만, 매년 약 20%의 학생이 "출산을 삼가겠다"고 답한다. 그 이유 가운데 "자기 아이에게 '왜 병오년에 낳았어?'라는 잔소리를 듣고 싶지 않기 때

문"이라는 게 있었다(그중에는 "자기 어머니도 병오년 생으로 걸핏
하면 화를 내기 때문"이라는, 미소 짓게 만드는 이유도 있었지만).
여기에도 "자식을 위해"라는 의식의 영향을 알아챌 수 있다.

또 옆길로 새는 이야기지만, 대만에서는 인년(寅年, 호랑이의 해)생
은 운수가 나쁘고 진년(辰年, 용의 해)생이 운수가 좋다고 한다. 실제
로 인년(1998년, 2010년)에는 출생률이 감소하고, 진년(2000년, 2012년)
에는 증가했다. 인년인 2010년의 합계출산율은 놀랍게도 0.895였다.
2022년은 인년이어서, 그렇지 않아도 낮은 대만의 출산율(1.13, 2017년)
이 더욱 낮아질 가능성이 있다.

여담은 그만하고, 1989년의 출산율이 공표되고 '1.57쇼크'라는
말이 만들어진 것이 1990년, 이것을 받아들여 경제기획청(당시)이
1992년에 낸 『국민생활백서』의 제목이 「저출산 사회의 도래, 그 영
향과 대응」이며, 거기서부터 '저출산'이란 말이 확산하기 시작했다.
이 백서는 가족 변화와 경제 상황을 결부시킨 점에서 아주 뛰어난
것이었다. 이 백서에는 경제기획청답게 저출산의 결과로서의 노동
력 부족이나 국내수요 부족 등의 우려가 정확히 명시되어 있다. 또
다른 원인의 하나로 '교육비 부담'에 대한 언급도 있다. 즉, **25년 후에
실제로 발생할 사회·경제문제를 올바르게 예측하였다.** 나도 이 백서의 영
향을 받아 경제의 변화와 가족의 변화를 결부시키는 조사연구를 시
작하게 되었다.

덧붙이자면, 내각부에 두었던 국민생활국, 국민생활심의회가 성청재편省廳再篇[9]의 여파로 없어지고 말았다(나는 내각부 국민생활심의회의 마지막 위원 중 한 사람이었다). 그에 따라 『국민생활백서』도 중단되었다. 저출산뿐 아니라 프리터[10]나 NPO 같은 것에 주목하는 등, 사회문제를 경제의 관점에서 분석하는 담당 부서가 정부기관에서 사라진 것은 대단히 유감스러운 일이다.

'1.57쇼크' 이후 10년의 치명적 지체

1990년 '1.57쇼크' 이후 정부의 움직임을 보자.

저출산 대책으로 시행된 것은 아니지만, 1994년에 자녀를 키우기 쉬운 환경을 만들기 위해 '에인절 플랜'[11]이 책정되었다.

저출산 대책의 기본방침이 제시된 것이 1999년.

---

9 [역주] 2001년의 중앙성청재편中央省庁再編은 일본 정부가 2001년의 〈중앙성청 등 개혁기본법〉에 근거하여, 2001년 1월 6일에 시행한 중앙성청의 재편 및 통합을 지칭한다. 이 조치를 통하여 1부(총리부)와 22성청은 1부(내각부) 12성청으로 개편되었다.

10 [역주] 자유free와 아르바이터arbeiter를 합성한 신조어로 일본에서 1987년에 처음 사용됐다. 15~34세의 남녀 중 아르바이트나 시간제로 생활을 유지하는 사람들을 가리키는 말이다.

11 [역주] 1994년 12월, 일본 정부는 향후 10년간의 육아 지원을 위한 기본적 방향과 시책을 밝혔는데, 이에 따른 계획을 에인절 플랜Angel Plan이라고 통칭하고 있다. 이 플랜은 어린이의 건전한 육성과 아울러, 진행되는 저출산 경향이 미래의 노동력 부족이나 사회보장 부담 증대로 이어질 것을 고려하여, 안심하고 아이를 낳아 기르기 위한 시책이나 환경정비를 도모하기 위한 중점 시책이다. 또한 이 계획의 구체적인 시책으로서, 1995년도부터 1999년도까지 5년간의 사업비로 약 6,000억 엔을 투입하기로 하였다.

저출산 사회 대책의 기본법이 만들어진 것이 2003년.

2004년에는 기본법에 맞춰 『저출산 대책 백서』가 내각부에서 발행되었다.

문제의 존재를 인식하고 나서부터 정부가 저출산 대책에 착수하기까지 거의 10년이 지났다.

실은, 이 10년의 지체가 치명적이었다는 것이 나중에 분명해진다.

이것은 인구 규모가 큰 단카이團塊 주니어 세대[12](대개 1970~74년생)의 결혼·출산시기(1990년대 후반)가 우연히도 버블 붕괴[13] 후의 취직 빙하기, 그리고 1997년의 아시아 금융위기와 맞물리고 말았기 때문이다.

1990년의 합계출산율은 1.54, 2000년에는 1.3까지 떨어진다. 그러나 그동안 출생아 수는 1990년의 122만 명에서 2000년의 119만 명으로 거의 감소하지 않는다(**자료2** 참조).

이것은 단카이 주니어 세대의 인구 규모가 커서 여성 1명당 자녀 수는 감소해도 전체 자녀 수는 그다지 감소하지 않았기 때문이다. 이것이 정책담당자의 위기감을 희석시킨 것은 부정할 수 없다.

반면, 2000년부터 2018년까지 18년간, 합계출산율은 거의 변화가 없다. 1.3에서 1.4 전후에서 움직인다. 오히려 2005년의 1.26을

---

12 [역주] 단카이 세대의 자녀 세대, 일본에서 1970~1974년에 출생한 사람들을 일컫는다. 부모 세대인 단카이 세대는 2차 대전이 끝난 이후 1947~1949년에 태어난 1차 베이비붐 세대이다. 단카이團塊란 덩어리란 뜻이다.

13 [역주] 1980년대, 일본의 주식과 부동산 시장이 비정상적으로 급등하여 나타났던 거품경제가 1992년에 붕괴한 것을 일컫는 말. 그 결과 일본은 장기불황, 이른바 잃어버린 10년을 겪게 되고 청년들이 취직하기 어려운 취직 빙하기가 시작되었다.

저점으로 다소 회복세를 보인다.

그러나, 2018년의 합계출산율은 1.42, 그리고 출생아 수는 92만 명으로 2000년에 비해 약 20%나 감소한다. 결혼, 출산시기를 맞은 세대의 인구가 감소하고 있기 때문이다.

이것은 무엇을 의미하는가?

1990년 이후, 저출산이 문제로 인식되고 언론에서도 다뤄지고, 저출산에 관련된 몇몇 대책이 시행되었다. 그러나 결국 출산율은 크게 회복되지 않고 1.5 이하의 상황이 계속되어 지난 25년 동안 평균 1.4 전후에서 안정적인 움직임을 보인다.

본격적인 대책이 시행된 것이 2000년 이후라고 하면, 대책에 의해 악화를 '저지했다'라고도 말할 수 있다. 그러나 기본적으로 저출산 대책이 시작된 1995년 전후에 출산·육아기였던 사람과 2018년에 출산·육아기인 사람의 출산 행동은 거의 달라지지 않았다.

즉, 저출산 대책은 '젊은이의 출산 행동을 바꾸는' 데는 성공하지 못하고, 사실상 실패로 끝나가고 있다.

다음 장부터 그 이유를 검토해 보겠다.

여기서 또 하나 여담을 하자면, 저출산 대책만이 아니라 '남녀공동참획사회'¹⁴의 구축, '여성의 활약추진'¹⁵ 대책에 대해서도 같은

---

14 [역주] 일본은 1994년, 국가발전전략의 하나로 "여성과 남성이 모든 부문의 정책 계획에서부터 대등하게 참여하여 서로 인권을 존중하고 책임도 나누면서, 성별에

말을 할 수 있지 않을까 하는 생각이 든다.

즉, 1985년 남녀고용기회균등법이 만들어진 이래, 여성의 활약추진이 정책으로서 시행되고 있기는 하다. 그러나 세계에서 일본의 남녀평등 순위는 최근 매년 내려가고 있다(세계경제포럼 남녀평등도 순위는 2019년에는 153개국 중 121위. 2010년에는 134개국 중 94위였지만, 10년 새 이웃 한국에도 추월당하고 말았다).

대책에 힘쓰고는 있으며, 조금씩 앞으로 나아가고는 있다. 그러나 아무리 보아도 '대책이 주효奏效하고 있다고 말하기는 어려운' 상황에 있다. 이것이 일본의 저출산 대책, 그리고 여성의 활약추진정책의 현실이다.

구애되지 않고 개성과 능력을 충분히 발휘할 수 있는 '남녀공동참획사회'의 형성"을 설정하였다. 그 일환으로 1999년, 「남녀공동참획사회기본법男女同参画社会基本法」을 제정하고, 남녀공동참획사회란 "남녀가 사회의 대등한 구성원으로 자신의 의사에 따라 사회의 모든 분야에서 활동에 참여하는 기회가 확보되고, 이로써 남녀가 정치적, 경제적, 사회적 및 문화적 이익을 균등하게 누리고 또 함께 책임을 지는 사회"라 규정하고 있다.

15 [역주] 일터에서 활약하고 싶은 희망을 가진 모든 여성이 개성과 능력을 충분히 발휘할 수 있는 사회를 실현하기 위한 일련의 정책을 말한다. 그 기본법은 2015년에 제정된 「여성의 직업 생활에 있어서의 활약에 관한 법률(여성활약추진법)」이다.

제2장

일본의 '저출산 대책 실패'의 이유

(1) 누가 일본의 출산율을 움직이는가?

정책 담당자는 '누구의 목소리'를 들어왔는가?

나는 일본의 저출산 대책이라는 것이 사실상 실패로 끝나고 있는 것은 미혼자의 마음에 다가가는 조사, 분석, 정책 제언이 되지 않았기 때문이 아닐까 생각한다.

요컨대 정책담당자(및 언론도 포함)는 미혼자의 '생생한 목소리'를 듣는 것을 태만히 했던 것은 아닐까?

정확히 말해, **일부의 의식이나 태도를 다수의 의식이라고 착각하고 있었기 때문이 아닐까?**

예를 들어, 젊은 여성이라면 일부 커리어 여성[16](대졸, 대도시 거주, 대기업 정사원, 정규직 공무원)의 상황을 전제로 하고, 비대졸, 지방 거주, 중소기업 근무, 혹은 비정규직 여성의 목소리를 듣지 않았던 것은 아닐까?

분명한 것은 정치가나, 관료, 기업 간부, 언론, 그리고 연구자 주변에 있는 대다수 젊은 여성은 대졸(대학원 졸 포함)에, 대도시 거주, 대기업 정사원, 정규직 공무원이고, 성공한 프리랜서, 창업가도 있

---

16 [역주] 단순히 회사원으로 일하는 여성이 아니라, 남성에게 지지 않을 정도로 열심히 일을 해내고 싶어 하고 이것을 실현하고 있는 여성. 단순한 업무뿐 아니라, 전문적인 지식을 가지고 회사 안에서도 중요한 역할을 담당하고 있는 것이 특징.

을 것이다. 덧붙여 말하면, 나의 친구나 지인, 직업상 접촉하는 사람들 대부분이 그렇고, 내가 근무하는 대학의 졸업생도 대개는 대기업 정사원, 공무원, 교원으로 취직해 대도시에 거주하고 있다.

상승하고 있다고는 하지만, 최근 대학진학률은 약 50%이다(2018년, 4년제 53.3%, 전문대학 포함 57.9%). 향후 이 수치가 60%, 70%로 상승할 것으로 생각하기는 어렵다.

덧붙이자면, 2001년 18세였던 사람의 4년제 대학진학률(지금 37세 전후의 사람)은 39.9%(남성 46.9%, 여성 32.7%)였다. 즉, 2000년대에 출산, 육아기에 있었던 여성의 약 2/3는 4년제 대졸이 아니고, 대개는 전문대졸이나 고졸이었다. 그리고 깃카와 토오루吉川徹 오사카大阪대학 교수의 분석처럼, 대졸자와 비대졸자의 의식이나 행동은 크게 다르다(깃카와 토오루『일본의 분단』고분샤신쇼光文社新書, 2018년).

또한 4년제 대졸이라도 모두 정사원이고 대도시에 거주한다고 할 수 없다. 대졸 여성은 대학을 졸업하면서 정사원으로 취직해도 몇 년 만에 이직하여 파견 등으로 근로방식을 바꾸는 예가 많다. 내가 속해 있는 대학의 졸업생 중에도 남성은 정사원 정착률이 높지만, 여성은 전직하기도 하고 비정규직이 된 사람도 많고, 전업주부가 된 사람도 있다. 예를 들면, 이시이石井 마코토(외 편編)가 펴낸『지방에 사는 젊은이들』(준보샤旬報社, 2017년)에는 비정규직 4년제 대졸 여성들의 목소리가 많이 실려 있다. 실제로 젊은 미혼여성의 약 절반은 비정규직이다.

즉, 일본 사회 전체의 출산율이라는 거시적 수치를 움직이는 것은 '대졸, 대도시 거주자, 대기업 정사원 또는 공무원'인 커리어 여성이 아니다. **'대졸이 아니거나, 지방 거주이거나, 중소기업 근무이거나, 비정규직'인 여성의 수가 압도적으로 많다.**

물론 커리어 여성이 출산과 육아하기 좋은 환경을 갖추는 것은 중요하다. 일과 가사의 양립을 위한 대책은 남녀평등, 여성 활약, 그리고 일본경제의 관점에서 반드시 필요하다.

다만 이것이 거시적 출산율에 주는 효과는 한정적이라는 말이다.

이것은 아베 내각의 여성활약추진정책에 대해서도 마찬가지로 말할 수 있다고 생각한다.

고학력이며 대도시의 대기업에 근무하는 여성이 최고 책임자가 될 수 있는 환경을 마련하는 것은 중요하다. 다만 이는 지방 중소기업에서 시간제로 근무하는 대졸이 아닌 여성에게는 '딴 세상 이야기'로 들려버린다. 커리어 여성이 아닌 여성의 일하는 환경을 조금이라도 개선하는 것이 필요하다.

지방에 있는, 커리어 여성이 아닌 여성의 활약에 의해 지방경제의 활성화, 나아가 일본경제 전체를 끌어올리는 것이 진정한 의미에서의 여성의 활약추진이 아닐까 통감한다. 나는 내각부 남녀공동참획회의 전문위원으로 이 점에 대해 입이 닳도록 말하고 있지만, 아직 갈 길이 멀기만 한 것 같다.

일본 젊은이 절대다수의 모습은

나는 사회학자로서 설문조사에서 인터뷰에 이르기까지 가족이나 젊은이에 대한 다양한 조사를 해왔다.

미혼자를 대상으로 조사하는 중에, 일본의 미혼자는 서구 국가처럼 혼자 생활하는 것이 아니라, 대다수가 부모와 함께 살고 있다는 사실을 발견했다(『패러사이트 싱글의 시대』).

또 프리터 등의 비정규직 조사에서, 비정규직 남성은 결혼을 포기하고, 비정규직 여성은 어쨌든 수입이 안정된 남성과 결혼하려는 욕구가 강한 것으로 나타났다(『희망격차사회』 치쿠마쇼보筑摩書房, 2004년).

또한 사귀는 사람이 없어 결혼 상대를 찾기 위해 다양한 노력을 하는 미혼자들이 있다는 것을 알고, 이 활동을 '결혼 활동', 줄여 '혼활婚活'이라고 이름 지었다(『'혼활'시대』).

나의 이러한 저작들은 모두 예전에는 당연한 것으로 여겨지던 "독신자는 혼자 산다", "애정이 있으면 결혼할 것이다", "교제 상대를 찾는 것은 간단하다"와 같은 인식이 사실과 동떨어져 있음을 지적해온 것이다.

아마 이와 같은 예전의 잘못된 인식도 '대졸, 대도시 거주, 대기업 근무'라는 전제하에 만들어졌을 것이다.

분명 대도시에서는 지방보다 남녀 모두 혼자 사는 독신자가 많다. 또한 대기업에 근무하는 대졸 남성이라면 결혼에 즈음하여 자신이나 상대의 경제력을 걱정하지 않고 애정의 유무만으로 배우자를 고르는 것이 가능할 것이다. 그리고 인구가 많은 대도시에서는 이성의 독신자와 만날 기회도 많다.

그러나 지방에는 혼자 사는 미혼자가 아주 적다. 게다가 결혼 후의 생활을 고려하면 비정규직 남성을 결혼 상대로 선택하는 여성도 적다. 지방에는 애초부터 독신자의 절대 수가 적은 데다 사귈 기회도 부족하다.

물론 혼자 살면서 주위에 독신의 이성이 많은 환경에 놓여 있는 '대졸, 대도시 거주, 대기업 근무' 미혼자는 존재한다. 그러나 일본의 젊은이 전체로 보면 이들은 절대적으로 소수이다.

되풀이해 말하지만, **'대졸이 아니고, 지방에 거주하며, 중소기업에 근무하거나 비정규직(여기에 자영업 후계자나 가족 종업원을 더해도 좋다)'인 젊은이의 상황이나 태도, 의식 등을 중심으로 생각하지 않으면, 저출산 대책은 커녕 일본의 저출산 실태를 이해하는 것조차도 가능하지 않다.**

(2) 저출산의 직접 원인에 대한 '오해와 오류'

앞에서 말한 것처럼, 잘못된 인식에 근거하여 조사, 분석, 그리고 정책이 이루어졌기 때문에 일본 사회의 많은 전문가, 정책담당자들은 오랫동안 일본의 저출산의 원인에 대한 중대한 두 가지 요인을 간과했다.

이것은 '미혼화'와 '젊은이의 경제력 격차 확대'라는 요인이다.

그 배경에는 정책담당자들이 '서구 중심주의적 발상'에 입각하였기 때문에 결혼에 대한 일본 사회 특유의 상황, 의식, 가치관 등을 간과해온 점이 있다. 이 점에 대해 차례로 설명하겠다.

① '미혼화가 주원인'임을 간과한 오류

결혼한 부부의 자녀 수는 감소하고 있는가?

우선 저출산의 주된 원인은 '미혼화' 즉, 결혼하는 사람이 감소한 데 있다.

이 사실은 인구학자들에 의해 꽤 오래전부터 지적되어 왔다.

여성 1명당 낳는 자녀 수라 하면, 통상 부부가 가진 자녀 수라고 생각하는 사람이 많을지 모르지만 실제로는 그렇지 않다.

2005년쯤까지는, 일본의 기혼 여성은 대개 평균 2명 이상을 낳았다. 이것은 어려운 분석을 할 것까지도 없이 『출생동향기본조사』(국립사회보장·인구문제연구소)의 수치를 보면 간단히 알 수 있다 **(자료7)**.

즉, 모든 젊은이가 결혼하고, 이 전제(결혼하면 평균 2명 낳는다)를 적용하면, 일본의 합계출산율은 2.0을 상회했을 것이다.

그러나 일본에서 미혼자는 거의 아이를 갖지 않는다(수치는 뒤에 설명하겠다). 그렇기 때문에 결혼하지 않는 사람이 늘어나면, 즉 미

자료7 부부당 자녀 수

완결출생아 수(결혼지속기간 15~19년의 부부가 낳은 평균 자녀 수) 추이

제1회 조사(1940년)	4.27명	제9회 조사(1987년)	2.19명
제2회 조사(1952년)	3.50명	제10회 조사(1992년)	2.21명
제3회 조사(1957년)	3.60명	제11회 조사(1997년)	2.21명
제4회 조사(1962년)	2.83명	제12회 조사(2002년)	2.23명
제5회 조사(1967년)	2.65명	제13회 조사(2005년)	2.09명
제6회 조사(1972년)	2.20명	제14회 조사(2010년)	1.96명
제7회 조사(1977년)	2.19명	제15회 조사(2015년)	1.94명
제8회 조사(1982년)	2.23명		

출처 : 국립사회보장·인구문제연구소 『출생동향기본조사』(2015)

혼율이 상승하면 일본의 합계출산율은 내려간다. 이것은 누가 생각해도 간단한 논리이다.

즉, 어린이집이 부족하든, 육아휴직이 없든, 남편이 가사·육아를 도와주지 않든, 2005년 무렵까지는 기혼여성이 평균 두 자녀를 낳아 키워 왔던 것이다.

한편, 가령 어린이집을 늘리고 육아휴직제도를 만들어 남편이 가사를 돕게 된다 해도 '결혼하지 않은 여성'에게 이러한 변화는 아무런 의미가 없다.

부부가 가진 자녀 수, 즉 출산율 저하가, 2010년 이후 어린이집을 갖추고 육아휴직제도를 정비하고 남편의 가사참여를 장려한 이후에 시작된 것은 아이러니한 현상이 아닐 수 없다(이는 아카가와

마나부赤川學 도쿄대학 교수의 지적처럼, 출산지원정책에 의해 오히려 '육아기대수준'이 상승해버렸다는 고찰이 들어맞을 가능성이 높다(아카가와 마나부『이것이 답이다! 저출산 문제』치쿠마신쇼新書, 2017년).

혼기는 늦어져도 "결국은 모두 결혼한다"라는 생각

나 같은 사회학자만이 아니라 앞서 말한 것처럼 인구 전문학자들도 꽤 이른 단계부터 "미혼화, 만혼화가 저출산의 원인"이라고 지적했음에도, 정부는 왜 2010년대까지 결혼 대책을 세우지 않았을까?

몇 가지 이유를 생각해볼 수 있다.

정책수립 과정을 가까이에서 지켜봤던 나로서는, 다음 장에서 말하는 것처럼 정부나 전문가가 '서구 중심주의적 발상'에 사로잡혀 있었다고 말할 수밖에 없다.

인구학자조차도 1990년대의 큰 흐름은 "젊은이는 독신을 즐기고 싶어 하므로 결혼을 늦추고 있을 뿐, 어쨌든 모두 결혼할 것"이라고 판단했다. 즉, '미혼화未婚化'가 아니라 '만혼화晩婚化'로 판단했다. 당시 인구학자들은 "결혼이 몇 년 늦어지면 자녀 수는 얼마나 줄어들까"라는 계산을 자주 했다. 미혼자도 결국은 거의 모두가 결혼한다고 추정하고 계산했다.

요컨대, 결혼은 "하려고 생각하면 누구나 간단히 할 수 있는 것"이라고 생각하던 시절이 있었다.

분명 1975년 무렵까지는 거의 대다수의 젊은이가 결혼할 수 있었다. 50~60세 정도의 연구자나 정책담당자는 "우리들이 젊었을 때 누구나 결혼할 수 있었기 때문에 남녀교제에 익숙한 지금의 젊은이라면 결혼 상대쯤은 틀림없이 금방 찾을 것"이라고 생각했을 것이다.

또 애당초 결혼 대책이란 것이 가능하다고 생각한 사람도 거의 없었다.

왜냐하면 서구선진국에서 그러한 대책을 세우는 나라를 찾아볼 수 없었기 때문이다(싱가포르에서 일찍이 1984년에 대졸 여성을 대상으로 정부가 맞선을 알선한 일이 있었지만, 이는 예외적이고 특수한 것으로 판단되었다).

② 결혼이나 육아의 경제적 측면을 금기시한 오류

"당신이 한 말을, 만약 내가 한다면, 내 목이 날아간다"

두 번째의 잘못된 인식은 결혼이나 육아의 '경제적 측면'을 무시했다고는 할 수 없어도 이를 경시한 것이다. 정확히 말하면 경제적 측면에 대한 언급을 회피한 것이다.

뒤에서 자세히 서술하겠지만, 여기에도 "어떤 조건이라도 사랑이 있으면 결혼할 것이다", "어떤 조건이라도 아이를 좋아하면 낳을 것이다"라는 서구 중심적 발상이 엿보인다.

분명 서구 국가에서는 그러한 전제를 두어도 상관없을 것이다.

그러나 **일본 사회에서는 가령 사랑이 있어도, 아이를 좋아해도, 경제적 조건이 갖춰지지 않으면 결혼이나 출산을 결단하지 않는 사람이 다수파이다.**

나는 1996년 출판된 『결혼의 사회학』(마루젠丸善라이브러리)에서 "수입이 낮은 남성은 결혼 상대로 선택되기 어렵다"는 현실을 지적했다 (학술 논문이나 학회, 정부 계통의 연구회에서는 이보다 더 일찍 발표했다. 또 논단지 『쇼쿤諸君』에서도 같은 논점을 전개했다).

하지만 당시 나의 이 지적은 제대로 평가를 받지 못했을 뿐 아니라 철저히 외면당했다. 이 경위는 2007년 출판한 『저출산 사회 일본』(이와나미신쇼岩波新書)에도 썼지만, 1990년대 후반의 언론이나 정부는 이 사실에 대한 언급 자체를 피했다.

어느 정부 관련 연구 모임에서 내가 이 점을 지적했더니 정부의 어느 고위 관료로부터 "당신이 한 말을, 만약 내가 한다면, 내 목이 날아간다"라는 말을 들은 적이 있다.

당시 주요 신문에도 내 발언의 해당 부분은 기사화되지 않았다.

어느 지방공공단체의 의뢰로 쓴 에세이와 관련해서 담당과장이 삭제를 부탁하러 일부러 내가 있는 대학까지 와서 머리를 숙이며 간청한 적도 있다.

그 과장이 말한 이유는, "수입이 낮은 남성은 결혼 상대로 선택되기 어렵다"는 지적은 가령 이것이 사실이라 할지라도 차별적 발언이기 때문에 (비록 보고서라 할지라도) 공식적으로 발표할 수 없고, 또 이것을 전제로 정책을 세울 수는 없다는 것이었다.

분명 결혼 상대에 대한 정보는 미묘한 문제이고, 실제로 편견에 근거한 부락차별[17]이나 민족차별[18] 문제는 상당히 심각했다(현재도 존재한다 [사이토 나오코齋藤直子『결혼차별의 사회학』게이소쇼보우勁草書房, 2017년]). 그래서 언급하지 않는 것이 방침이었을 것이다.

그럼 그래서 그냥 내버려 두어도 된다는 것일까? 공개적으로 하지는 않더라도 적어도 저출산 대책으로, 경제 사정이 불안정한 젊은이에 대한 지원정책이 좀 더 빨리 시행되었더라면 사태는 달라졌을 것이라고 나는 생각한다.

또한 "수입이 적은 남성은 결혼 상대로 선택되기 어렵다"는 현실은 그저 편견에 기인한 의식상의 차별이 아니다.

결혼하면 부부로 생활해야 한다. 생활에는 돈이 든다. 결혼 후의 생활을 생각하면 수입이 안정된 남성과 결혼하는 편이 여성에게 좋은 선택인 것은 분명하다.

수입이 낮은 남성과의 결혼을 피하려는 여성에 대해 "사람 차별한다"라고 비난만 할 수 있을까?

---

17 [역주] 차별받는 부락(예를 들면, 백정처럼 천민 취급을 받던 사람들이 살던 곳)에서 태어나 자랐다는 등의 이유로 교제를 기피하거나 결혼을 취소하는 등의 차별.
18 [역주] 예를 들면, 일본에 거주하고 있는 한국인(재일교포)에 대한 차별.

돈이 드는 정책에는 움직임이 굼뜬 정부

차별론적 금기의 문제만은 아니다. 어쨌든 정부가 돈이 드는 것에 대해 정책의 움직임이 둔한 것은 부정할 수 없는 사실이다.

저출산 대책위원으로 일할 때, "육아는 훌륭하다"는 캠페인을 하자고 제안한 위원이 있었다.

캠페인을 해서 현실이 달라진다면 이렇게 고생하지는 않을 것이다. **원래 아이가 싫기 때문에 낳지 않는다는 사람은 아주 소수이다. 그렇다면, "낳고 싶어도 조건이 갖춰져 있지 않기 때문에 낳지 않는" 다수를 대상으로 캠페인을 한들 무슨 의미가 있겠는가.**

예를 들면 출생동향기본조사(국립사회보장·인구문제연구소)에서는 매번 기혼여성에게 '이상적인 자녀 수'와 '예정 자녀 수'를 묻는다.

이 두 질문에 대한 답변에 차이가 있는 사람(예를 들면, 이상적인 수는 세 명이지만 예정은 두 명 등)에 대해 "자녀를 희망하는 수만큼 갖지 않는 이유"를 묻는다(**자료8**).

우선 처음에 나오는 이유는 늘 "육아나 교육에 돈이 너무 많이 들기 때문"이다. 그것도 특히 30대 전반에서 압도적으로 많다. "가사·육아에 대한 남편의 협조를 얻을 수 없기 때문"이란 이유는 겨우 10%이다.

그러나 이러한 사실은 그다지 중시되지 않고 일·가정의 양립이나 남성의 육아 참여 부족 등이 강조되며 돈이 들지 않는 방법이 우선시

자료8 자녀를 희망 수까지 갖지 않는 이유

2015년 기혼여성조사(복수 회답)

(단위 : %)

	전체 (18~49세)	30~34세
육아나 교육에 돈이 너무 많이 들어서	56.3	81.1
자신의 일에 지장이 있어서	15.2	24.2
집이 좁아서	11.3	18.2
나이가 많아 낳는 것이 싫어서	39.8	18.2
갖고 싶지만 가능하지 않아서	23.5	10.6
건강상의 이유로	16.4	15.2
더 이상 육아의 심리적 육체적 부담을 감당할 수 없어서	17.6	22.7
남편의 가사 육아 협조를 얻을 수 없어서	10.0	12.1
막내가 남편의 정년퇴직까지 성년이 되었으면 해서	7.3	7.6
남편이 원하지 않아서	8.1	9.1
아이가 구김살 없이 자랄 환경이 아니라서	6.0	9.1
자신이나 부부의 생활을 소중히 하고 싶어서	5.9	12.1

출처 : 국립사회보장·인구문제연구소 『출생동향기본조사』(2015)

되고 있다.

경시되는 '젊은 남성'의 의식

또 부부의 가사 부담을 평등하게 하는 것은 남녀공동참획의 관점에서는 필요한 방향이지만, 이것이 저출산 대책과 결부될지 어떨지는 미묘하다. 왜냐하면, 남성 쪽의 '자녀를 가질 의욕'을 꺾을 가능성이 있기 때문이다.

좋고 나쁨을 떠나서 "가사 육아를 거들라고 하면 아이는 필요 없다"는 남성이 늘어날 가능성도 고려해야 한다.

아이는 원칙적으로 남녀 두 사람이 만드는 것이지, 여성만 자녀 수를 결정할 주도권을 가진 것은 아니다. 이것도 '젊은 남성'의 의식을 경시하고 있다는 의미에서 지금까지의 저출산 대책에서 검토되지 않았던 점이다.

출생동향 기본조사에서도 기혼여성의 의식에 대해서는 물어보지만, 기혼남성의 의식은 오랫동안 조사되지 않았다. 인터뷰 조사 등에서는, 아내는 자녀를 많이 갖고 싶어 하지만, 남편이 무리라고 말하는 예도 상당히 보인다. 그것도 돈 문제와 가사 부담이라는 두 가지가 문제가 되기 때문이다.

어떤 남성은 "자녀에게 각자 방을 따로 마련해주고 싶은데, 내 급여로 둘은 무리"라고 답했다(이 예는 제4장에서 다시 소개하겠다). 어떤 맞벌이 부부의 경우, 아내는 세 명을 원하지만, 남편은 더 이상 육아를 거들라는 말을 듣기 싫어 두 명으로 충분하다고 말해 부부싸움이 되고 있다는 조사 예도 있었다.

덧붙이자면, 육아에 따르는 경제적 부담을 줄이기 위해 고등학교 수업료 무상화와 자녀수당이 정비整備된 것이 2009년이고, 취학 전 교육비(보육·유아교육) 무상화는 2019년이다. 그리고 대학교육 등 고등교육 무상화는 아직 달성되지 않고 있다.

이것들도 더 일찍, 하다못해 단카이 주니어의 결혼, 출산기였던 2005년까지 이루어졌더라면, 저출산이 이렇게까지 진행하지 않았을 텐데 하고 생각하지 않을 수 없다.

다음 장에서는 이 책에서 이미 여러 차례 지적한, 저출산 대책에 있어 '서구 중심주의적 발상'과 그 함정에 대해 알아보겠다.

제3장

저출산 대책에 있어
'서구 중심주의적 발상'의 함정

(1) 서구 중심주의적 발상이란

언뜻 보기에 서구를 '뒤쫓아온' 일본의 가족

저출산 대책이 헛돌게 된 직접적 요인은 제2장 2절에서 서술한 것처럼 ① 미혼화를 문제 삼지 않았던 것, 그리고 ② 경제적 문제를 경시한 데 있다.

그 배경에는 예전부터 일본이 모델로 삼아온 서구의 상황이 일본에도 들어맞을 것이라 여기고, 이것을 전제로 저출산 대책을 시행하려고 했던 점이 있다.

서구에서는 미혼으로 아이를 낳는 비율이 높아 미혼화와 저출산은 별다른 관계가 없다. 또 일본이나 동아시아와 달리 가족 형성(결혼, 출산)과 경제 상황(즉, 돈)을 결부시키는 사고방식이 강하지 않다.

이렇게 서구 사회를 모델로 한 발상을 이 책에서는 '서구 중심주의적 발상'이라고 부르기로 한다. 그 배경에는 미국이나 프랑스 등, 서구 선진국에서 생기는 것은 일본에서도 언젠가 일어난다는 사고방식이 깔려 있다. 그래서 서구에서 일어난 문제는 일본에서도 일어나고 그 해결법도 서구를 따라 해야 한다는 사고방식이다.

분명 메이지 유신 이래, 일본 사회는 서구 사회를 근대화의 모델로삼아 서구를 '따라잡기' 위한 정책을 시행해 왔다. 대충 말하자면, 경제 영역에서는 자본주의경제 도입에 의한 공업화를 도모하고, 정치 분야에서도 헌법 제정이나 보통선거 도입, 여성 활약추진 등, 서구를 뒤쫓아가는 방향으로 사회를 변혁시켜 왔다. 또한 복지 분야에서도 유럽 여러 국가를 모델로 복지국가 형성을 위해 노력해 왔다.

가족 분야에서도 메이지 시대에는 독일 제도를 참고해 이에 제도[19]를 만들고, 2차 대전이 끝난 후에는 민법 개정 등도 있어, 서구의 '핵가족'을 모델로 사회가 구성되어 왔다.

분명 1950년 무렵부터 핵가족화가 진행되어 서구형의 성별 역할 분업형 가족, 즉 남편은 주로 일에 매진하고, 아내는 가사·육아를 도맡아, '풍요로운 생활'을 목표로 하는 가족이 서서히 다수를 차지하게 된다. 이와 더불어 자녀 수의 감소(즉, 저출산)가 진행되어 1950년까지 4.0을 넘었던 합계출산율이 1956년에는 2.2까지 떨어져 안정된다.

이것을 인구학에서는 '제1차 인구전환'이라 부른다. 1950년 무렵까지 태어난 사람은 평균 네 형제였지만, 1955년 이후에 태어난 사람은 평균 두 형제가 된다. 두 아이로 감소하는 과정이 서구에서는 100년(영국), 50년 걸려 서서히 진행되었지만, 일본에서는 이 과정이 10년이란 짧은 기간에 이루어졌다.

바로 "평균 두 명의 자녀를 낳는다"는 서구의 패턴이 일본에도 나

---

19 [역주] 이에 제도家制度란 1898년 메이지유신 때 제정된 민법에서 규정한 일본의 가족제도로서 호주에게 이에家의 통솔 권한을 부여했던 제도이다. 1947년 민법 개정에 따라 폐지되었지만, 아직도 사회관습이나 사람들의 의식에 큰 영향을 미치고 있다.

타난 것이다(서구에 비해 급속히 진행된 동아시아의 근대화를 한국의 사회학자 장경섭은 '압축된 근대'라 이름 붙였다).

이어 1960년 말부터 서구 선진국에서 페미니즘, 여성의 사회진출 파도가 일어나자 일본에서도 '우먼 리브 운동'[20]이 일어나고, 전후 일관되게 증가하던 '전업주부 세대專業主婦世帯'가 1975년을 경계로 감소로 전환하기 시작했다. 여기까지는 서구 국가들과 같은 길을 가고 있었다.

그런 가운데 1980년대 서유럽 국가들(프랑스, 서독, 이탈리아, 스웨덴, 네덜란드 등)은 자녀 수가 더욱 감소하는 사태, 즉 저출산에 직면하게 된다. 합계출산율이 2.0 이하로 떨어지는 사태가 발생한 것이다. 다음 절에서 보게 되겠지만, 그 가운데 몇몇 국가에서는 저출산 대책에 성공해 출산율이 회복된다.

이러한 상황을 보고 "언젠가 일본에서도 가족의 존재양상이나 여성의 생활방식도 틀림없이 서구와 같은 방향으로 움직일 것이다"라고 생각하는 것은 자연스러운 일이다. 그래서 그 후 서유럽에서와 마찬가지로 일본에서도 저출산이 발생해 정책과제로 올라왔을 때, 일본에서도 저출산 정책에 성공한 프랑스나 스웨덴과 같은 대책을 마련한다면, 저출산 대책에 성공하리라 생각한 전문가나 정책담당자가 많았던 것도 수긍이 간다.

---

20 [역주] 여성 자신이 하는 여성 해방 운동. 영어의 women's liberation movement를 줄여 쓴 말

서구와 아시아의 저출산 양상은 다르다

그러나 같은 자본주의사회라 해도 나라에 따라 그 양상은 다르다.

중국이 개혁개방을 결단하고, 베를린 장벽이 붕괴(1989년)하고, 소비에트연방이 해체(1991년)된 1990년 무렵까지는 '수렴이론'이라 하여 출발점이나 출발연도, 그리고 변화 속도가 다르고, 가는 경로가 다소 달라도 근대사회의 도달점은 같다는 사고방식이 주류였다. 자유주의 경제와 민주주의 정치체제는 전 세계로 확산할 것이라고 믿었다. 유럽의 사회주의 국가들의 해체가 그 증거로 간주되었다.

그러나 현재는 경제제도라 할지라도 그 나라 고유의 문화 전통이나 발전 경위 등이 반영된다는 논의가 주류를 이루고 있다. 똑같이 발달한 자본주의이고, 글로벌화나 IT화가 똑같이 진행되어도, 경제규제의 정도나 경영관행, 노동관행 등이 나라마다 크게 달라 수렴을 향해 간다고 말하기는 어렵게 되었다. 정치 상황에 대해서도 중국이나 러시아, 이슬람 국가들의 상황을 보면 언젠가 전세계가 서구형 민주주의로 수렴해 간다는 기미는 보이지 않는다.

또한 가족의 존재양상이나 여성의 생활방식 등 젠더 의식, 결혼이나 출산, 육아에 대한 가족의식은 경제제도 이상으로 그 나라·지역에 고유한 문화의 영향을 현저하게 받는다. 그런데도 언젠가는 서구 선진국 같은 가족 상황이 출현한다고 보는 것은 무리한 논의가 아닐까?

특별히 문명의 충돌이론이 옳다든가, 수렴이론이 틀렸다고 말하려는 것은 아니다. 현실을 조사해보면 서구의 저출산과 일본이나 기타 아시아 국가들의 저출산 양상, 그리고 그 요인은 크게 다르다고 단정하지 않을 수 없다(그렇다고 해서, 같은 동아시아 국가라 해서 일본이나 한국, 중국이 아주 같다고 말할 생각도 없지만, 서구 여러 나라와 비교해 공통점이 많은 것은 분명하다고 생각한다).

그러므로 저출산 대책도 달라져야 할 필요가 있다고 생각한다.

(2) 서구 국가들의 저출산의 특징

스웨덴, 프랑스, 네덜란드가 일본의 저출산 대책의 모델이었다

우선, 비교를 위해 일본의 저출산 대책의 모델이 된 유럽 상황을 아주 간단히 설명해 보겠다(자료4 '서구 국가들의 합계출산율 추이'를 지금 한번 참고해주기 바란다).

서구라 해도 가족상황은 나라에 따라 다르다(같은 국가라도 지역에 따라 다른 예도 많지만, 여기서는 아주 간단히 나라별로 정리한다). 유럽 중에서도 저출산에 직면하고, 또한 저출산 대책이 성공한 나라는 그리 많지 않다.

그 하나가 스웨덴이다.

스웨덴에서는 1983년에 1.61이었던 출산율이 1990년에는 2.13

까지 회복했다. 1990년대 중반에 또 한 번 떨어졌지만, 2000년대에는 다시 회복하고 있다.

프랑스에서는 1993년에 1.73이었던 것이 2006년에는 2.00까지 회복했다. 네덜란드에서는 1983년에 1.47로 유럽에서도 상당히 낮았던 것이 2000년에 1.72까지 회복했다(2017년, 스웨덴 1.85, 프랑스 1.92, 네덜란드 1.66).

그래서 일본은 기본적으로 이 세 나라를 저출산 대책의 모델로 삼았다. 연구자의 논문, 저작에서부터 정부의 백서, 일반계몽서에 이르기까지 저출산 대책에 성공한 나라로 언급되고 연구되는 것은 스웨덴, 프랑스가 압도적으로 많고, 네덜란드가 그 뒤를 잇는다.

다른 선진국들을 살펴보자. 미국, 영국, 아일랜드, 그리고 호주, 뉴질랜드(주로 영어가 공용어인 나라이므로 앵글로색슨 국가라고 불린다)는 출산율 저하는 거의 없고 현재도 2.0 전후에서 움직이고 있다. 또 이민의 유입도 많아 인구가 항상 늘고 있어 저출산 대책에 참고로 하기에는 적합하지 않다.

반대로 독일, 이탈리아, 스페인 등의 중남부 유럽 국가, 그리고 영국계 주민이 많긴 해도 캐나다 등은 저출산 대책이 거의 시행되지 않고, 합계출산율은 일본처럼 낮게 움직이고 있어 이런 국가들도 모델이 되지 않는다. 다만 이민을 많이 받아들이고 있기 때문에 인구 자체는 증가하고 있는 나라가 많다(특히 캐나다, 독일).

덴마크나 노르웨이는 스웨덴과 비슷한 경향을 보이고(1980년대 저하, 1990년대 회복), 벨기에는 네덜란드와 비슷한 경향을 보인다

(1980년대 저하, 2000년대 회복). 이 나라들도 저출산 대책에 성공했다고 말할 수 있지만, 인구 규모가 작기 때문에 일본에서는 거의 연구되지 않고 있다.

개략적으로 말하면, 서구 선진국이라 해도 애초부터 저출산이 일어나지 않았던 나라(영국, 미국, 호주 등), 저출산이 발생했지만 정책 시행으로 회복한 나라(프랑스, 스웨덴, 네덜란드 등), 저출산이 일어났지만, 이민으로 견뎌 나가고 있는 나라(독일, 이탈리아, 스페인, 캐나다 등)의 세 가지 유형으로 나눠볼 수 있다.

아카가와 마나부 도쿄대 교수가 반복해 지적하는 것처럼 서구를 하나의 모델로 묶어 생각할 수 없다는 사실에 유의해야 한다(『아이가 줄어서 무엇이 나쁜가!』치쿠마신쇼, 2004년)

일본이 빠진 함정 Ⓐ—서구 고유의 가치의식을 전제로 했다

어쨌든 서구 중에서도 저출산에 직면한 후, 저출산에서 회복한 나라를 모델로 하여 일본의 저출산 대책이 시행된 것은 분명하다. "저출산에서 회복하지 못하고 있는 서구 국가들(독일이나 이탈리아 등)은 일본과 마찬가지로 대책을 세우지 않아 좀처럼 출산율이 오르지 않는 것"이라고 해석해 왔을 것이다.

그러면 서구 여러 나라를 모델로 한 결과, 일본은 어떤 함정에 빠졌던 것일까.

첫째, Ⓐ 서구의 고유한 관습이나 가치의식을, 일본에 그대로 들어맞는 것으로 보고, 일본 저출산 대책 모델의 전제로 삼았던 점이다.

그 요소들을 열거해 보자. 가족과 관계되는 서구 사회의 관습, 의식으로서 다음 네 가지의 특징이 저출산을 고찰하는 데 있어 중요하다.

① 자녀는 성년이 되면 부모에게서 독립해 생활한다는 관습(젊은이의 부모로부터의 자립지향)
② 여성에게도 일은 자기실현이라는 의식(일=자기실현)
③ 연애 감정(로맨틱 러브)을 중시하는 의식(연애지상주의)
④ 육아는 성인이 될 때까지만이라는 의식

서구의 많은 나라에서는 이 네 가지의 특징이 있기 때문에 저출산이 발생하지 않거나(영미 등), 저출산 대책이 효과적이었다(프랑스, 스웨덴, 네덜란드 등).

그러나 현실의 일본 사회에는 이 네 가지 특징이 들어맞지 않는다.

그런데도 실제로는 서구 고유의 네 가지 관습·가치의식이 일본에도 있다는 것을 정책의 전제로 상정함으로써 저출산 대책이 헛돌고 말았다. 그렇게 해서 어떤 결과가 발생했는지를 다음 절(3)에서 살펴보도록 하겠다.

일본이 빠진 함정 ⑧—일본 고유의 가치의식을 무시했다

두 번째 함정은 ⑧ 일본 사회, 일본의 가족에 특징적인, 사람들의 의식이나 관습을 고려하지 않았던 점이다. 고려되지 않은 일본의 특징을 다음 세 가지로 정리한다.

① '리스크 회피' 경향
② '체면 중시'
③ 자녀에 대한 강한 애착—자녀를 고생시키고 싶지 않다는 강한 감정

많은 일본인에게 있어 생활상의 리스크를 회피하는 것, 체면을 지키는 것, 또 자녀를 더 잘 키우는 것의 우선순위는 매우 높다.

결혼, 육아에는 '생활상의 리스크'가 따라다닌다. 그래서 생활상의 리스크가 클 것 같은 선택을 회피한다. 즉, 생활상의 리스크를 회피할 수 있는 전망이 없는 경우, 결혼이나 출산을 삼가는 경향이 있다.

다음으로, 어떤 사람과 결혼해 자녀를 어떻게 키우고 있는지는 주위 사람(친척, 친구, 이웃집)의 관심을 불러일으키고 '체면'과 직결된다. 즉, 체면에 비추어 적절하지 않다고 생각되는 결혼이나 육아를 회피하려는 경향이 있다. 친척이나 친구들로부터 이상하게 여겨지거나 얕보이게 되는 것을 피하는 것이다. 이것이 결혼 상대의 직업이나 연령에 대한 집착으로 이어져 결혼이 억제되는 것이다.

또한 일본에서는 부부 등 배우자 사이의 애정보다 자녀에 대한 애정을 우선시하는 경향이 있다. 사랑하는 자녀를 '더 잘' 키우기 위해서는 필요한 조건을 갖춰야 한다. 좋은 조건을 갖추지 못하면 자녀를 고생시키게 된다고 생각하기 때문이다. 따라서 그 조건을 갖추기 힘들 것으로 생각되면, 출산만이 아니라 자녀에게 충분한 경제적 여건을 제공할 가능성이 낮을 것 같은 결혼 자체도 회피하려 든다.

한편, 서구 사회에서는 리스크를 받아들이는 것이 칭찬을 받는다. 또한 가치관의 다양성이 존중되고 타인과 다른 행동을 해도 비난을 받지 않는 경향이 있다. 즉, 체면에 신경 쓰지 않고 다양한 라이프스타일을 시도하는 것이 일반적이다. 또 배우자와의 애정관계를 우선시하고 자녀에게 큰 기대를 하지 않는다.

가족 형성(좋아하는 사람끼리 커플이 되어 아이를 낳아 키우는)을 고려할 때 이런 의식의 차이는 크다.

지금까지 서술한 예전의 분석과 대책의 문제점은 일본뿐 아니라, 중국, 한국, 싱가포르 등 동아시아 국가들의 저출산을 생각할 때도 필요한 관점이라 생각한다.

그러면 우선 다음 절에서 Ⓐ의 함정, 즉 "서구 중심주의적 발상이 어떻게 일본 사회에 들어맞지 않는가"에 대해 살펴보겠다. 또 Ⓑ의 함정, 즉 "대책에서 고려되지 않았던 일본의 특징"에 대해서는 다음 제4장에서 살펴보려 한다.

(3) 서구 모델 적용의 함정—서구에는 있고 일본에는 없는 것

일본과 서구 여러 국가는 똑같이 근대화했으며, 현대에서는 글로 벌화를 경험하고 있다고는 하지만, 가족에 대한 의식, 가치관과 관련해서는 서로 크게 다른 점이 있다.

서구 여러 국가에서는 보이고 일본에는 그다지 보이지 않는, 가족에 대한 의식과 가치관을 네 가지로 정리해 보았다.

① "성년이 된 자녀는 자립한다"라는 서구의 관습 vs 패러사이트 싱글이 많은 일본

자립지향이 약한 일본

서구 여러 나라에 있고 일본에는 없는 것, 그 첫째는 '젊은이의 자립지향'이다.

이것은 사실, 메이지 시대에 후쿠자와 유키치福沢諭吉가, 서양에는 있고 "동양에는 없는 것은 유형有形에 있어서 수리학(통계학), 무형無形에 있어서 독립심, 이 두 가지이다"(『후쿠자와 유키치 자서전福翁自伝』)라고 이미 지적했던 것이다. 그 때문에 후쿠자와는 기회가 있을 때마다 일본인에게 자립심을 가지라고 질타하고 격려했다.

그러나 경제영역이야 어쨌든 가족영역에 관해서는 후쿠자와의 권고는 그다지 효과가 없었던 것 같다.

나는 약 20년 전, '패러사이트 싱글(중국어 역 '기생독신자寄生獨身者')'이라는 개념을 처음 만들었다(1997년 2월 8일 자 『일본경제신문』 석간). 내가 강조하고 싶었던 것은 서구 선진국(남미 제외)에서는 학교 졸업 후, 남녀 모두 부모 집을 나와 자립해 생활하는 것이 일반적이지만, 일본(그리고 동아시아 국가들이나 남유럽)에서는 결혼할 때까지 부모와 함께 살며 부모에 의존하는 것을 당연시하는 경향이 있다는 사실이다(『패러사이트 싱글의 시대』 참조).

또한 일본에서는 자녀의 자립지향이 약하며, 특히 여성(딸)의 자립은 불필요하다는 의식이 부모나 본인 모두 강하다. 자립이 불필요한 정도가 아니라 결혼 전 미혼여성이 부모 슬하를 떠나 생활하는 것은 좋지 않다고 생각하는 사람도 아직 많다('좋지 않다'는 의미는 신체적으로 위험하다는 의미와 미혼여성이 혼자 사는 것이 '상스럽다'─즉, 좋은 집안의 아가씨라면 집안에 들어앉아 있어야 한다는 상징적 의미가 있다).

현실적으로 일본에서는 18~34세 미혼자의 약 75%가 부모와 함께 살고 있다(출생동향 기본조사, 2015년). 특히 미혼여성이 부모와 함께 사는 비율이 높다(78.2%). 자기 수입이 낮아도 부모가 기본적인 생활여건을 제공하므로 그런대로 생활할 수 있다.

또한 가령 본인이 자립할 수 있는 수입이 있다 해도 자립이 요구되지 않으니 부모 밑에 머물며 어머니에게 가사를 맡기면서, 수입의 대부분을 용돈(최근에는 저축)으로 쓰는 생활이 가능하다. 이것이

내가 말하려고 한 패러사이트 싱글, 즉 부모에게 기본적인 생활여건을 의존하며 본인의 생활을 즐기는 독신자의 본래 의미이다.

부모로부터의 자립이 불필요하다는 의식의 결과로 발생하는 '패러사이트 싱글 현상'이 일본의 저출산의 한 요인이며, 서구형 저출산 대책이 효과를 내지 못하는 하나의 이유이기도 하다.

부모에게 의존할 수 없는 서구에서는 결혼이나 동거가 '경제적'

남유럽을 제외한 서구 선진국에서는 성년이 되면 부모 곁을 떠나는 것이 원칙이다. 남성만이 아니라 여성에게도 경제적 자립이 요구된다. 성인이 된 이후에도 이유 없이 부모와 계속 함께 살면, 자립하지 못한 증거로 간주되어 주변으로부터 좋게 생각되지 않는다. 성인으로 대접받지 못하는 것이다.

서구에서도 일본과 마찬가지로 젊은이의 수입은 낮고 일본에 비해 실업률도 상당히 높다. 그런 상황에서 부모 곁을 떠나 자립해 생활할 필요에 쫓긴다. 그때 누군가와 함께 사는 것은 혼자 생활하는 것에 비해 경제적으로 합리적인 수단이 된다. 1인당 주거비나 광열비를 절약할 수 있는 것이다. 서구에서 젊은이의 셰어하우스[21] 거주가 많은 것도 그 이유에서이다.

그리고 함께 산다면, 좋아하는 상대와 사는 편이 좋기 마련이다.

---

21 [역주] 셰어하우스share house, 다수가 한집에서 살면서 지극히 개인적인 공간인 침실은 각자 따로 사용하지만, 거실·화장실·욕실 등은 공유하는 생활방식.

두 사람의 수입을 합하면 혼자 생활하는 것보다 나은 생활을 할 수 있다. 그 결과 동거가 늘어난다. 동거하고 있는 가운데 아이도 태어난다. 결과적으로 출산율이 올라가는 구조이다.

(일본에서도 50여 년 전 고도성장기에는 지방에서 올라온 젊은이가 혼자 살거나 기숙사 생활을 하는 경우가 많았기 때문에 결혼이 빨랐던 것은 아닌가 짐작된다.)

즉, 서구에서는 부모에 의존할 수 없기 때문에 결혼이나 동거가 혼자 사는 것에 비해 경제적으로 나은 선택이 된다. 물론 자녀가 태어나면 육아에 시간과 돈이 들어가기 때문에 생활 수준이 저하한다. 그러므로 정부에서 사회보장제도로 젊은 세대의 육아를 경제적으로 지원하면 출산율이 높아진다.

그에 비해 일본에서는 부모 집을 나와 새로운 생활을 시작하면, 경제적으로 힘들어지는 경우가 대부분일 것이다. 생활 수준의 저하를 피하기 위해서는 부모와 계속 함께 살며 독신생활을 하지 않는 것이 가장 합리적인 선택이 된다.

하지만 그렇게 되면 동거나 결혼의 기회가 감소한다. 그리고 그 전제가 되는 남녀교제도 삼가게 된다. 동거도 결혼도 남녀교제도 하지 않으면 아이가 태어날 리 없다. "성인이 된 후에도 부모와 함께 사는 것이 당연한 문화"가 미혼화, 저출산에 영향을 미치고 있는 것은 부정할 수 없는 사실이다.

일본에서는 미혼자에 대해서, 부모 곁을 떠나 자립하라는 압력이 약하다. 이렇게 자립지향이 약한 것이 미혼화의 큰 요인인 것이다.

그리고 후쿠자와 유키치가 '동양에 없는 것'이라고 바르게 지적하고 있는 것처럼, 이 논리는 중국이나 한국 등 동아시아 여러 나라에도 해당한다.

또 여담을 하자면, 일본인이라면 누구나 알고 있는 인기 만화이자 애니메이션인 『도라에몽』이 있다. 이 도라에몽은 중국 등 동아시아에서 대인기지만 서구에서는 인기가 낮다.

그 이유 중 하나가 주인공 노비타의 '약한 자립지향'에 있다.

노비타는 뭔가 곤란한 것이 있으면 금방 도라에몽에게 부탁해버린다. 일본이나 동아시아 국가에서는 "곤란한 일이 생기면 친족(도라에몽은 미래 노비타의 자손이 보내온 로봇이다)에 의존해도 상관없다"는 문화적 배경이 도라에몽을 유행시키고 있지만, 자립을 장려하는 의식이 강한 서구에서는 오히려 비난의 대상이 되는 경우가 있다.

② "여성에게도 일은 자기실현이다"라는 서구의 의식 vs 일본 여성은 일보다 소비생활

일본 여성이 결혼·출산을 망설이는 이유는 서구와 다르다

다음으로, 여성의 일에 대한 의식과 태도를 보자. 여기에서도 서

구 사회에 들어맞는 것이 일본에도 들어맞는다고 할 수는 없다.

서구는 일을 갖고, 경제적으로 자립하는 것이 남성뿐 아니라 여성에게도 요구되는 사회이다. 그리고 이때 일은 자기다움, 자기실현이라는 심리적 의미도 갖는다.

저출산이 문제가 되었을 때 자주 들린 말이 "일을 계속하고 싶어하는 여성이 결혼·출산을 망설인다"는 것이다. 그러므로 서구와 마찬가지로 육아와 맞벌이를 양립할 수 있게 하면, 일을 우선시하여 결혼이나 출산을 삼가던 여성이 아이를 낳아 기르기 시작할 거라는 것이었다. 그러기 위해 어린이집을 제대로 갖추고, 육아휴직 제도를 충실하게 하고, 또 남편의 육아참여를 권장하게 된다.

그러나 일본에서는 이런 전제가 두 가지 점에서 들어맞지 않는다.

첫째는 일에 의한 경제적 자립이 여성에게는 요구되지 않는 점이고, 둘째는 '일=자기실현'이라는 의식이 약한 점이다. 정확히 말하면, 일을 통해서 자기실현을 할 수 있다고 생각하는 여성이 적다는 것이다.

즉, 서구와는 달리 일본에서는 많은 여성이 결혼, 출산을 망설이는 이유는 일을 계속할 수 있는지 없는지 하는 불안이 아닌, 다른 곳에 있다는 것이다. 따라서 이러한 의식, 환경에서라면, 일과 가정의 양립을 아무리 지원해도 저출산 대책으로서는 '헛일'로 끝나고 만다.

서구와는 다른 이 두 가지 점을 차례로 자세히 살펴보겠다.

남편의 수입에 의존하는 것이 당연하다는 의식

서구의 페미니즘 영향을 받아 일본 사회에도 남녀평등의식이 침투해 들어왔다. 그러나 앞 절에서 살펴본 것처럼 여성에 경제적 자립이 필요하다는 의식이 침투한 정도는 상당히 약하다.

즉, 여성도 성인이 되면 경제적으로 자립해야 하고, 상당한 수입을 얻기 위해 일해야 한다는 사고방식이 일반에게는 그다지 침투되어 있지 않다.

미혼 때는 부모와 함께 살며 기본적인 생활을 의존하고, 결혼 후에는 남편의 수입에 기본적으로 의존해 생활하는 것이 가능한가, 불가능한가는 둘째 치고, 특별히 비난받을 만한 일은 아니다. 오히려 아주 자연스럽고 일반적인 일이라고 여겨지고 있다.

조금 오래된 자료지만, "결혼 후 가계 유지는 남편의 책임인가"라는 점에 대한 스웨덴과 일본 기혼여성의 데이터를 보자(**자료9**).

스웨덴에서는 대다수 여성이 NO라고 답하는데, 일본에서는 YES라고 답한 사람이 압도적으로 많다. "남편이 한 가정의 수입을 책임져야 한다"는 항목에 대해 풀타임으로 일하는 여성의 약 85%가 YES라고 답하고 있다. 일본에서는 결혼 후 생활을 남편의 수입에 의존하는 것이 당연하다고 여기는 사람이 많은 것이다. 즉, 구태여 힘들게 일해 자립할 필요가 없다고 생각하는 여성이 많다는 것을 알 수 있다.

또 내가 직접 관여해 실시한 조사에서도 70% 이상의 젊은 남녀가 "결혼 후 가계는 남편이 책임져야 한다"고 답하고 있다(**자료10**).

자료9 스웨덴과 일본의 '가계유지에 대한 책임의식'의 비교

여성의 취업형태별 "남편은 소득에 대한 책임을 져야 한다"

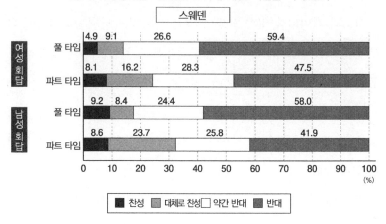

아내 취업형태별 "남편은 소득에 대한 책임을 져야 한다"

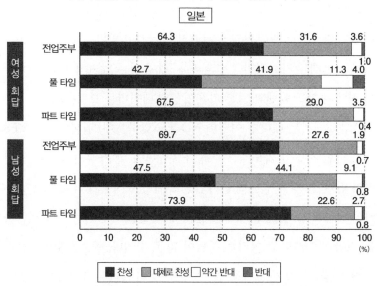

출처 : 내각부경제사회종합연구소 『일본·스웨덴 가정생활조사연구회보고서 No.11』(2004)

자료10 여성의 약한 자립의식

20~39세에게 물었다. 찬성 비율

(단위 : %)

	남성	여성
1. 결혼 후의 가계는 남편이 유지해야 한다	70.4	72.3
2. 아이가 어릴 때는 엄마가 육아에 전념해야 한다	55.4	66.6
3. 상대가 좋으면 생활이 어려워도 결혼하겠다	52.5	41.1

출처 : 메이지야스다생활복지연구소『제6회 결혼·출산에 관한 조사』(2010)
　　　맥크로힐·인터넷 모니터 20~39세, 7976샘플

이 결과를 서구의 사람에게 이야기하면 의아한 표정을 짓는다.

남편에 의존하는 것은 여성에게 리스크가 아닌가. 이혼당하면 어떻게 되는가. 돈을 스스로 벌지 않고는 자신을 위해 자유롭게 돈을 쓸 수 없지 않은가. 남편에 종속되어야 하는 것 아닌가 등의 질문이 날아온다.

이러한 질문에 대해, 나는 먼저 "일본에서는 서구의 많은 나라에서처럼 일방적으로 이혼을 할 수 없다. 남편의 수입이 많은 경우, 남편 쪽에서 이혼하려면, 아내에게 거액의 위자료를 지불해야 한다(그러므로 수입이 높은 남편과 결혼해 두면, 만일 이혼을 하더라도 안심할 수 있다)"라고 대답한다.

또 돈에 대해서는 "대부분의 일본 가정에서는 결혼 후에 남편의 돈도 아내가 관리한다. 따라서 아내는 남편의 돈을 마음대로 사용할 수 있다(이것도 남편의 수입이 많은 경우에 한하지만)"라고 대답한다(서구에서는 아내가 전업주부라도 일정의 생활비를 남편이 결정해 아내에게 건네는 것이 일반적이다).

그래서 많은 남편이 용돈을 늘리기 위해 아내에게 머리를 조아린다고 말하면, 서양 남자들은 일본 남자들이 불쌍하다는 느낌을 내비친다(덧붙이자면, 우리가 시행한 조사에 따르면 아내가 남편의 수입을 관리한다는 부부는 대략 전체의 3/4으로, 세대에 따른 차이는 거의 보이지 않았다).

일본에서는 남편으로부터 일방적으로 이혼을 당할 리스크를 고려할 필요가 없고, 본인이 일하지 않아도 용돈을 쓰는 데 어려움이 없기 때문에(남편의 수입이 어느 정도 있는 경우에 한하지만) 안심하고 남편의 수입에 의존할 수 있는 것이다.

또한 이 두 가지의 관습에 의해 남편의 수입이 높으면 이혼한다 해도 불리할 게 없으며, 남편의 수입이 많을수록 본인이 마음대로 쓸 수 있는 돈이 늘어난다는 논리가 가능하다. 이러한 사실이 결혼 상대를 찾을 때, 상대 남성에게 높은 경제력을 요구하는 것으로 이어지는 것이다.

가정과 양립하면서까지 계속할 만한 일로 생각하지 않는다

다음으로, 일에 대한 자기실현의식은 어떨까?

나는 매년 강의 시간에 학생에게 "결혼, 출산 후에도 계속 일하고 싶은가, 일을 그만두고 싶은가"(아울러, 배우자가 어떻게 해 주었으면 좋겠는가)를 묻는다.

내가 대학의 교원으로 일하기 시작한 것은 지금으로부터 약 30년 전인 1986년이다. 당시 여자대학생의 답변은 "계속 일하고 싶다"가 압도적으로 많았다. 당시 여성의 4년제 대학 진학률이 낮았던 점도 있지만, 남녀고용기회균등법이 제정된 직후이고(1985년 제정, 1986년 시행), 여성의 사회진출이 소리 높이 이야기되던 무렵이다(물론 당시 내가 도쿄 학예대학이라는 교원 지망생이 많은 대학에서 가르친 이유도 있지만, 비상근강사를 하고 있던 다른 대학에서도 마찬가지 경향을 보였다).

하지만 해를 거듭할수록 학예대학에서도 "일을 그만두고 싶다"는 답변이 늘기 시작하더니 2008년 주오中央대학으로 이적한 후에도 계속 늘어, 최근에는 "일을 계속하고 싶다"와 "일을 그만두고 싶다"가 거의 반반이 될 정도에 이르렀다.

한편, 남자 대학생 쪽에서는 아내에게 일을 계속하게 하고 싶다는 답변이 해를 거듭할수록 늘고 있다. 최근에는 "일을 그만두고 전업주부[22]가 되고 싶다"는 답변까지 나오고 있다.

이러한 여성의 답변 중, 최근에는 "그때 종사하는 일이 재미있으면 일을 계속하겠지만, 시시하면 그만두겠다"는 것도 나오고 있다.

남녀고용균등기회법이 시행된 지 30년 이상이 지나는 동안, **여성**

---

22 [역주] 전업주부專業主婦가 아니라 전업주부專業主夫, 즉 남편이 가사와 육아의 중심적인 역할을 담당하는 것을 의미함.

에게 일의 현실이 보였던 것이다.

분명 30년 전에는 일로 자기실현을 하겠다며 사회에 나온 여자대학생이 많았다. 그 결과는 어떠했을까.

예를 들어, 사회학자 나카노 마도카中野円佳 씨가 실시한, 결혼과 출산으로 일을 그만둔 커리어 여성에 대한 인터뷰 조사를 보아도, 일과 가정을 양립할 수 없어 일을 그만두었다기보다는 양립하면서까지 계속할 만한 일이라고 생각하지 않았다는(또는 일하는 보람이 없는 직무로 배치 전환된) 점이 강조되고 있다(나카노 마도카 『육휴 세대의 딜레마』 고분샤신쇼光文社新書, 2014년).

즉, 결혼과 출산으로 여성이 일을 그만두는 것은 어린이집이나 육아휴직제도가 제대로 마련되어 있지 않아서라기보다 일을 계속하는 것 자체에 매력이 없기 때문이라는 것이 주요한 원인이다.

이것은 일본 사회의 근로방식에 문제가 있다.

우선 일본 사회에서는 정규직이면, 회사에 대한 헌신적 충성─장시간 노동, 가족을 돌볼 겨를이 없는 근로방식─이 요구된다. 이 요구를 충족할 수 없으면, 커리어 코스에서 제외된다.

나카노 교수가 강조하는 것처럼, 남성만큼 일해낼 수 있는 여성이 커리어 코스에서 제외되면 일을 계속할 마음이 없어지는 것이다.

대다수 남성은 일에서의 자립[23]이 요구되고, 또한 처자식을 부양해야 하므로 회사에 헌신적인 근로방식을 따르지 않을 수 없다.

───────────────

23 [역주] 일에서의 자립이란 스스로 생각하여 업무를 수행할 수 있는 상태. 자립한 사람은 해야 할 일, 하고 싶은 일에 적극적으로 임하게 된다.

그러나 여성은 그것에 따르지 않아도 좋은 자유가 있다고 생각되고 있다.

일반직이나 비정규직에게 있어 일이 '사는 보람'이 되지 않는다

보람 있는 일을 하는 것처럼 보이는 커리어 여성조차 일을 그만둔다. 그리고 제2장 1절에서 서술한 것처럼, 일하는 보람이 있는 종합직[24]이나 전문직의 일을 하는 여성 노동자는 그리 많지 않다. 여성 노동자의 절반은 비정규직이다.

또 정규직이라도 정형화된 일만 해야 하는 일반직 여성이 많다. 승진도 거의 없고, 정형적이며 수입도 적은 일을 '사는 보람'으로 여기는 여성은 많지 않을 것이다.

예를 들면, 편의점에서 아르바이트하는 미혼여성이 아르바이트 일을 그만두고 싶지 않아서 자녀를 갖지 않겠다고 생각하지는 않을 것이다. 대졸이라도 일반직으로 정형화된 일을 하며, 승진은 거의 기대할 수 없는 미혼여성도 그런 일을 그만두고 싶지 않기 때문에 결혼하지 않겠다거나 자녀를 갖지 않겠다고 생각하지는 않을 것이다.

또한 여성 차별적 관행이 현재까지도 뿌리 깊게 남아 있다. 공무원이나 대기업에서 개선되고 있기는 하지만, 여성 노동의 대부분을

---

24 [역주] 종합직은 직장 내 업무 순환을 통하여 다양한 직종을 경험하면서 커리어를 형성하고 관리자로 승진하는 직종이다. 일반직은 정형적인 사무업무를 하며 승진의 기회가 없다. 전문직은 주로 이공계를 대상으로 하며 직무 내용이 명확하다.

차지하는 중소기업에서 여성 사원, 비정규직에 대한 차별적 처우는 아직도 많다. 여성을 차별하는 직장에서 계속 일하고 싶어 하는 여성은 없다.

결혼, 출산이라는 계기가 있고, (현재 혹은 장래의) 남편에게 충분한 수입이 있으면 일을 그만두고 싶어 하는 여성은 많다. 또한 최근에 장시간 노동이나 악덕 기업의 존재, 그리고 커리어 여성의 자살 등에 관한 보도가 이어지고 있다. 심신의 건강이나 가정생활을 희생하면서까지 일하고 싶어 하는 여성은 점점 적어지고 있다.

일보다 '풍족한 소비생활, 자녀에게 좋은 학교'가 높이 평가된다

그렇다면, 일본 여성은 어떤 곳에서 일하는 보람과 자기실현을 느끼는 것일까.

서구에서 확산한 '일에 의한 자기실현'이라는 사고방식이 일본에서는 소수의 여성에게 영향을 준 것에 불과했다.

많은 여성에게 있어 인생의 목표는 일에서 성공하는 것 이상으로 '풍족한 소비생활을 한다'는 것이다.

또한 풍족한 소비생활을 전제로 자녀를 훌륭하게 키우는 것이다 (남성도 같은 목적을 공유하고 있어도 일을 그만두는 선택지가 없어 경제력으로 기여하려고 할 뿐이다).

이것은 다음 절에서 살펴보겠지만, 일본의 '체면' 의식과도 연결된다.

일본은 고생스럽게 일을 계속하는 여성보다, 일하지 않아도 풍족하게 살며 자녀를 좋은 학교에 보내는 여성을 높이 평가하는 사회이기도 하기 때문이다.

따라서 여성에 있어 일은 풍족한 생활이나 자녀에게 돈을 들이기 위한 '수단'의 의미가 강하다. 기혼여성이 시간제로 취업하는 이유는 '자녀 교육비' 및 '주택대출금 상환', 즉 가계 보조인 경우가 많다. 이것은 많은 일본인 남성에게도 해당한다.

반대로 말하면, '풍족한 소비생활'을 할 전망이 있으면, 무리하게 일과 가정의 양립을 목표로 할 필요는 없다고 생각하는 여성이 많은 것이다.

현재 기혼여성의 취업이 늘고 있는 것은 남편의 수입만으로는 자녀 교육비나 주택비를 조달할 수 없어 풍족한 소비생활을 할 수 없는 상황에 놓여 있는 기혼여성이 늘고 있기 때문이라고 말할 수 있다. 이런 의미에서 일과 가정의 양립을 지원할 필요가 있음은 말할 것도 없다.

일본에서 '일과 가정의 양립정책'만으로 불충분한 이유

이제까지의 논의를 정리해 보자. 서구에서는 "여성이 일을 계속하려고 결혼하지 않거나, 자녀를 갖지 않는다"는 논리가 타당할 것이다. 그것은 여성이 일해야 하고 또 일하는 것이 당연하다고 여겨지고, 일을 자기실현의 수단으로 생각하는 여성이 많기 때문이다. 일하지 않으면 남편에 대해 약자 입장에 처하기 때문이기도 하다.

그 전제로는 직장 내 여성차별이 적고 승진 등에서 차별받지 않는 직장환경이 있다.

그러므로 서구에서는 어린이집을 제대로 갖추고, 육아휴직을 충실히 시행하며, 남편의 가사참여를 장려하는 등의 양립지원책이 효과를 발휘한다.

그러나 일본에서는 기혼여성이 일하는 것이 필요하고도 당연한 상황이 아니며, 일을 통해 자기실현 욕구를 충족하고 있는 여성은 일부에 지나지 않는다. 비정규직이나 일반직을 비롯해 승진을 기대하기 힘든 상황에 있는 많은 미혼·기혼여성에게는, 일을 계속하려고 자녀를 낳지 않는다는 논리는 들어맞지 않는다.

그렇다고 해서 어린이집을 제대로 갖추고, 육아휴직을 충실히 시행하며, 남성의 육아참여를 촉진하는 것이 불필요하다는 것은 아니다. 그것만으로는 불충분하다는 사실을 말하고 싶은 것이다.

앞에서 살펴본 것처럼 여성이 일과 육아를 양립할 수 있는 환경을 조성하는 과정에서, 여성이 일에서 '사는 보람'을 느낄 수 있는 환경을 제대로 갖추는 것이 '먼저' 필요하다는 점을 강조하고 싶다.

동아시아 국가들의 저출산 사정과 여성의 상황

동아시아 국가들 중, 여성의 관리직 비율이나 대학진학률이 낮고 전업주부율이 높은 한국이 일본과 유사한 상황이라고 보아도 좋다.

반대로 중국이나 홍콩, 대만, 싱가포르 등에서는 여성 관리직 비율이 높고 전업주부율이 낮아, 서구와 마찬가지로 여성이 일하는 것이 필요하고 또 자기실현의 수단으로 생각하는 여성의 비율도 높다고 생각된다.

이것 또한 같은 동아시아 국가라 해도 나라, 문화, 그리고 사회제도에 따라 저출산 사정이 달라지는 예라고 말해도 좋다.

대만, 홍콩, 싱가포르의 현재 상황을 보자.

이들 나라나 지역에서는 여성이 직장에서 활약하는 환경은 비교적 잘 갖춰져 있다. 2020년 4월 현재, 대만의 총통이나 홍콩의 행정장관(행정 최고책임자)은 여성이다.

또 '외국인 가사노동자'를 싸게 이용할 수 있기 때문에 일과 가정의 양립이 쉬운 환경이다.

덧붙이자면, 내가 1년 동안 살았던 홍콩에서는 외국인 가사도우미를, 입주하는 조건으로 월 5만 엔(50만 원) 정도에 고용할 수 있다.

실제로 요리·세탁·청소에 육아, 또 손이 많이 가는 일을 거의 가사도우미에게 맡기는 맞벌이 가정이 많다. 홍콩에서는 열 세대에 한 세대꼴로 가사도우미를 고용하고 있다.

그러나 풀타임으로 일하는 맞벌이 비율이 높고, 일과 가정의 양립이 가능한 상황에 있는 이들 나라에서도 저출산은 심각하며 합계출산율은 세계 최저수준이다.

이들 나라, 지역에서 저출산의 원인은 다른 부분, 즉 자녀에게 많은 교육비를 들이려는 태도가 큰 부분을 차지하고 있다고 생각된다. 그래서 이들 나라는 일과 가정의 양립을 지원하는 정책이 반드시 저출산 해소로 이어지는 것은 아님을 보여주는 실례를 제공한다. 이에 대해선 나중에 다시 살펴보겠다.

③ 서구의 연애 감정(로맨틱 러브) 중시 vs 일본의 연애는 '리스크'

서구에서는 파트너를 열정적으로 구한다

다음으로, 결혼 전 단계인 연애에 대한 태도에 있어 서구와 일본의 차이를 살펴보자. 이것에 덧붙여, 성관계나 부부의 애정관계에 대한 태도 차이도 아울러 살펴보겠다. 통상적으로 아이는 성관계가 없으면 태어나지 않기 때문이다(생식기술이 발달한 현대에는 필수 조건이 아니게 되었지만).

"사람은 누군가를 좋아하면, 좋아하는 이성과 함께 있고 싶어 하고, 성관계를 갖고 싶어 하고, 그리고 결혼하고 싶어 한다. 또한 좋아하는 사람과 함께하게 되면, 성관계의 결과(이성애자異性愛者이면)로 아이가 태어난다" ―이는 자연스러운 과정이며, 인류 공통의 현상이라고 통상 생각하기 쉽다.

그러나 현대 일본 젊은이의 상황을 보면, 이 과정이 과연 보편적인 것일까 하는 의문이 생긴다.

물론 연애결혼이 보편화 되기 이전 전근대사회의 '중매결혼' 시대에는 연애 감정으로 결혼하는 사람은 예외적이었다.

그러나 전근대사회에서도 특정 상대에 대해, "함께 있고 싶다" "성 관계를 갖고 싶다"는 의미에서 연애 감정, 즉 '사랑'은 있었겠지만, 이 것이 결혼으로 이어지는 것을 '제도'가 방해했다고 생각할 수 있다.

즉, 본인의 연애 감정에 반反해, 부모 등 주위 사람이 연애 감정이 없는 상대와 결혼시켜 버린 것이다.

근대사회가 되어 제도적 규제가 완화되고 부모 등의 간섭이 약해 지면서 결혼에 대한 개인의 행동이 자유로워졌다. 즉, 싫은 상대와 무리하게 결혼할 필요가 없어지고, 자기가 좋아하는 상대와 결혼할 수 있게 되었다. 그렇게 되면 필연적으로 연애 감정에 근거한 결혼, 즉 연애결혼이 널리 보편화한다고 여겨졌다.

분명 서구 사회에서는 그런 방향으로 나아갔다. 연애 감정, 즉 인 생의 파트너를 열정적으로 구하는 것이 가치를 지닌다.

가치를 지닌다는 것은 인생의 목적 중 하나로 추구된다는 의미, 즉 파트너가 인생에 있어 필요한 존재로 여겨진다는 의미이다.

이러한 관계에는 성적 욕구의 충족도 포함된다. 따라서 남녀교제 (동성연애자의 경우는 동성교제)에는 연애 감정이 필수라고 생각되 는 것이다. 동시에 연애 감정과 성적 욕구를 충족하고, 함께 생활하 고, 아이를 낳아 함께 키우는 파트너를 구한다는 동기부여가 자연히 이루어진다고 생각된다.

즉, 서구에서는 독신자(미혼이든 이혼자이든)는 파트너를 찾으려 고 적극적으로 움직인다. 그리고 서로가 연애 감정을 가지면, 즉 사 랑에 빠지면 연인이 되어 함께 있고 싶어 하게 된다. 따라서 동거나 결혼을 하고 아이를 낳을 것이라는 가정을 할 수 있다.

일본인의 커플 형성 의욕의 저하

그러나 현대일본에서는 두 가지 점에서 이 연애결혼이 쇠퇴하고 있는 것 같다.

하나는 **연애 감정에 대한 가치부여의 문제,** 또 하나는 **연애 감정의 '자율 규제'라고도 해야 할 문제**가 원인이라고 생각된다.

젊은이의 연애 실태를 살펴보자. 1975년 이후 미혼자가 증대하고 있다. 그리고 2000년 이후에는 교제 상대를 가진 젊은이도 감소하고 있다. 2015년에는 미혼자 중에서 교제 중인 애인을 가진 사람의 비율은 남성에서 1/4, 여성에서 1/3까지 감소했다(**자료11**).

또한 애인을 갖지 않은 사람 중에서 애인을 원하는 젊은이가 감소하고 있다. 결혼하고 싶다는 미혼자는 85% 이상이지만, 교제 상대가 없는 사람 중에서 교제 상대를 원하는 사람은 50%가 되지 않는다(**자료12**).

그리고 성관계에 관심이 없다고 답변하는 젊은이가 늘고 있는 것이 다양한 조사를 통해서 분명해지고 있다.

즉, 커플 형성 의욕이 저하하고 있다고 판단할 수 있다. 이것은 서구인의 입장에서 보면 이해하기 어려울 것으로 보인다.

원래 연애 상대를 찾는다는 것이 아니라 좋아하게 되어버리는 것이라 말하는 사람도 있을지 모르겠다. **자료13**의 데이터를 보자. 이

자료11 젊은이의 교제 상대의 감소

미혼자로서 교제 상대를 가진 비율의 변화(18~34세)

(단위 : %)

조사연도	1992	1997	2002	2005	2010	2015
남성						
애인 있음(약혼자 포함)	26.3	26.2	25.1	27.2	24.6	21.3
교제중인 이성 친구 있음	19.2	15.3	11.3	14.0	9.4	5.9
여성						
애인 있음(약혼자 포함)	35.5	35.4	37.0	36.7	34.0	30.2
교제중인 이성 친구 있음	19.5	15.9	12.4	12.9	11.9	7.7

국립사회보장·인구문제연구소『출생동향기본조사』를 바탕으로 작성

자료12 교제 희망자의 감소

교제 상대를 갖지 않은 사람 중에서 교제 희망자의 감소

교제 상대가 없는 미혼자로서 교제 상대를 희망하는 비율

	2010년	2015년
남성	53.1%	45.7%
여성	51.9%	44.0%

미혼자로서 결혼을 희망하는 비율

	2010년	2015년
남성	86.3%	85.7%
여성	89.4%	89.3%

국립사회보장·인구문제연구소『출생동향기본조사』를 바탕으로 작성

자료13 좋아하는 사람이 있는 중고생의 감소

좋아하는 사람이 있는 중고생의 비율(%)

	1982	1992	2002	2012
중학생				
있음	41	41	31	25
없음	54	56	64	72
고교생				
있음	54	51	40	31
없음	43	46	55	66

출처 : NHK방송문화연구소 『NHK 중학생·고교생의 생활과 의식조사2012』(NHK출판)

데이터를 보면 중학생, 고교생에서 좋아하는 사람이 있다고 대답한 비율이 최근에는 떨어지고 있는 것을 알 수 있다.

이것은 연애에 우선순위를 두지 않고, 그리고 가령 연애 감정을 가져도 이것을 커플 형성(연인, 결혼)으로 이어가려는 의욕을 갖지 않은 사람이 늘고 있음을 의미한다.

연애는 귀찮다, 연애는 리스크, 연애는 가성비가 나쁘다

현대 일본에서는 커플의 연애 감정은 그다지 가치 있는 것으로 여겨지지 않고 있다. 연애 감정으로 파트너를 얻는 것이 인생의 목적, 인생에 있어 불가결하다고 생각하는 사람은 서구에 비해 적은 것처

자료14 교제 상대를 구하지 않는 이유

지금, 애인이 없고, 또 애인을 원하지 않는 사람에게 물었다
「애인을 원하지 않는 이유」(20~39세)(복수 회답)

1 일이나 공부에 힘쓰고 싶다	32.9%
2 자신의 취미에 힘쓰고 싶다	45.1%
3 친구와 보내는 시간을 소중히 하고 싶다	15.4%
4 과거에 연애에 실패했다	4.5%
5 연애가 귀찮다	46.2%
6 연애에 흥미가 없다	28.0%
7 타인과 애인으로서 교제하는 것이 두렵다	12.9%
8 기타	10.5%

출처 : 내각부 『헤이세이 26년도 결혼·가족 형성에 관한 의식조사』

럼 보인다.

연애에 연연하지 않는 것은 어디에서 오는 것일까?

나는 이것이 "연애는 귀찮은 것" 그리고 "리스크"로 인식하는 사람이 많아졌기 때문이라 판단한다.

다양한 조사가 이루어지고 있다. 내각부가 2014년도에 실시한 조사에서, 애인이 없는 사람 중에서 "있었으면 좋겠다"고 답변한 사람이 60.8%, 즉 40%의 사람이 "원하지 않는다"고 답변하고 있다. 그리고 "애인을 원하지 않는" 이유 중에서 가장 상징적인 것은 "연애는 귀찮다"는 답변이다(자료14).

귀찮다는 말은 영어로 번역하기가 몹시 어려운 일본적인 개념일 것이다.

나는 "귀찮다"란 "비용대비 효과가 나쁘다"라고 해석한다. 연애해도 수고에 비해 즐겁다고 생각되지 않는다는 것인지도 모르겠다.

이 뒤에는, 만화영화의 캐릭터나 아이돌 등으로 로맨틱한 감정을 충족할 수도 있고, 카바레나 하녀 카페, 호스트 클럽 등에서 돈만 지불하면 친밀한 관계, 나아가서는 성적인 만족도 살 수 있다는 상황이 반영되고 있을 가능성이 있다(이 점에 대해서는 별도의 원고를 집필 중이다).

연애의 '자율규제'―경제생활을 우선시하는 젊은이들

다음으로, '연애는 리스크'라 생각하는 사람이 늘고 있는 점을 살펴보자.

연애 감정이 끓어오르는 상대가 주변에 있다 해도 부모가 반대할 뿐 아니라 스스로 자기의 연애 감정을 억제하는, 즉 '자율규제'하는 경향이 특히 젊은 여성을 중심으로 보인다.

"일시적으로 좋아한다는 감정에서 사귀어서는 안 됩니다. 연애 감정은 언젠가는 식어요"라고 말하는 여학생도 있다.

나는 『결혼불요사회』에서 '결혼'에는 좋아하는 사람과 함께 있다는 측면, 함께 경제생활을 시작한다는 두 가지 측면이 있고, 그 두 가지가 갖춰지지 않을 때 서구에서는 연애 감정을 우선시하고, 일본에서는 경제생활을 우선시하는 경향이 강하다고 서술했다. 이것이 일본의 저출산을 가속시키고 있다고 생각한다.

이것은 조사 데이터에도 나타나고 있다. 예를 들면, "좋아하면 상대가 가난해도 상관없다"라고 생각하는 사람은 제4장에서 자세히 설명하겠지만, 적어도 여성에서는 소수파이다(p.135, 136 참조).

앞에서도 말했듯이 일본에서는 남편의 수입으로 생활하는 것이 기본이라고 생각되기 때문에 남성이라면 가난해도 자기책임이지만, 여성은 남편의 수입에 따라 생활 수준이 좌우된다고 생각하므로 연애 감정을 포기하는 선택을 하기 쉽다.

섹스리스의 진행

게다가 결혼 후에도 문제가 일어난다. 섹스리스sexless의 문제이다.

일본은 부부 사이의 성관계 횟수와 만족도가 낮은 것으로 정평이 나 있다. 그리고 최근에는 젊은 커플 사이에서도 섹스리스 부부가 늘고 있다는 조사가 있다(**자료15**). 당연하지만, 성관계가 없으면 아이는 태어나지 않는다(생식기술의 이용을 제외한다). 최근 부부 사이의 자녀 수 감소에는 섹스리스화가 영향을 미치고 있을 가능성이 있다.

내가 참여했던 내각부의 조사에서도 젊은 기혼 부부의 섹스리스

자료15 섹스리스의 진행

유배우자의 섹스리스 비율(%)

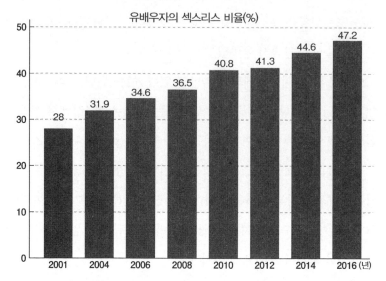

주) 섹스리스 비율은 "최근 1개월 동안은 섹스(성교섭)을 하지 않았다"의 회답율.
　2001년은 아사히신문 인터넷 조사 『부부 1000명에게 묻는다』, 2004년~2016년은 제
　2~8회 『남녀의 생활과 의식에 관한 조사』(일반사단법인 일본가족계획협회)에 따름.

자료16 젊은 기혼부부에 있어서 섹스리스와 자녀 수의 관계

20~49세의 10,000명 조사(인터넷 모니터)

	현재 자녀 수	이상적인 자녀 수	예정 자녀 수	N(사람 수)
비섹스리스	1.4323	2.3026	1.9218	5,330
준섹스리스	1.4342	2.1800	1.7041	2,278
섹스리스	1.3537	2.0681	1.4553	2,392

섹스리스 ················ 최근 2, 3년간 성관계가 전혀 없는 부부　(전체의 24%)
준섹스리스 ·············· 1년에 몇 번의 성관계가 있는 부부　　　(전체의 23%)

출처 : 내각부 경제사회종합연구소 조사에서(『일본가족사회학회 보고자료 2013년』)

가 두 번째 자녀의 출산 행동에 영향을 미치고 있는 것을 알 수 있다
(자료16). 섹스리스 부부도 비非섹스리스 부부도 현재 평균 1.4명의
자녀가 있지만, 예정하고 있는 자녀 수는 전자에서 1.45명, 후자에서
1.92명으로 0.5명이나 차이가 난다.

즉, 1명 낳은 후에 섹스리스가 되는 커플이 상당수 있을 것으로 추
정된다.

이미 일본에서는 커플은 자연히 형성되지 않는다

이제까지의 논의를 정리해보자.

서구에서는 로맨틱 러브나 성적 만족의 대상으로서 애인을 구하
는 강한 욕구가 존재하는 것이 전제되어 있다. 그래서 커플 형성 욕
구가 강하다.

즉, 그냥 내버려 두어도 남녀는 커플 관계를 지향한다(동성애에서
도 마찬가지). 커플은 함께 살고, 성적 관계를 즐긴다. 그렇기 때문에
그 커플에게 아이를 낳아 기르기 위한 지원을 하면 아이는 태어난다.

여담이지만, 이 상황은 레즈비언 커플에게도 생기고 있고, 레즈비
언 커플이 정자 제공, 인공수정 등의 수단을 이용해 자녀를 갖는 일
은 서구에서는 드문 일이 아니게 되었다. 이것이 출산율에 어느 정
도 영향을 미치고 있는지는 아직 데이터가 없다.

즉, 서구에서는 커플 관계는 자연히 형성되는 것을 전제로 하고
정책을 시행할 수 있다.

하지만 일본에서는 이것을 전제로 할 수 없게 되었다. "자연히 좋아하는 사람이 생길 것이다", "서로 좋아하는 상대가 있으면 결혼할 것이다", "결혼하면 섹스를 할 것이다", "섹스하면 아이가 태어날 것이다"라는 전제가 성립하지 않는다.

1980년 무렵까지는 직장 등에서 자연스러운 만남이 많았고, 기회가 없는 사람은 맞선으로 결혼했다.

그러나 1990년 무렵부터 자연스러운 만남은 감소한다. 국립사회보장·인구문제연구소의 이와사와 미호岩澤美帆 실장이 지적해온 것처럼 직장에서 만나 이루어지는 결혼이 감소한다. 일본에서는 경제적 리스크가 따르는 결혼을 피하는 경향이 강해 상대의 직업 등을 미리 알고 있는 자연스러운 만남이 선호된다. 이런 자연스러운 만남이 감소하고 있는 것이 결혼 감소의 큰 이유이다.

게다가 21세기에 들어온 이후에는 연애에 소극적인 젊은이가 늘어난다. 시라카와 토우코白河桃子 씨가 나에게 '혼활'을 제창한 것도 **"기다리고 있으면 자신에게 맞는 결혼 상대가 나타난다는 것은 환상"이라는 것을 강조하고 싶었기 때문이다.**

그러므로 일본의 저출산 대책에는 커플 형성의 전제로서의 '결혼 지원'이 불가결하다. 자연스러운 만남이 감소하고 있다면, 남녀가 만나는 장을 어떤 형태로든 만들 필요가 있다.

몇몇 지자체는 이 점을 깨닫고 일찌감치 결혼 지원을 시작했지만, 제2장에서 말한 것처럼 정부가 결혼 대책에 예산을 할당하게 된 것은 2010년 이후이다.

자료17 결혼 활동을 하고 있는 사람의 비율

독신자의 혼활서비스 이용경험률(20세~49세)
(연애 혹은 결혼의향이 있는 애인이 없는 독신자)

2016년	2017년	2018년	2019년
17.5%	15.6%	18.6%	23.5%

주) 독신자: 결혼 경험이 없는 미혼자 및 결혼 경험이 있는(사별·이별의) 현재 독신자
출처 : 리쿠르트 브라이덜 총연『결혼 실태조사 2019』

애인을 원하지만 아무 노력도 하지 않는 사람이 대다수

혼활이란 말이 만들어져 이만큼 유행어가 되어 정착했지만, 연애나 결혼을 위해 적극적으로 움직이고 있는 미혼자의 비율은 그다지 늘지는 않았다.

최근의 다양한 조사를 종합하면, 애인이 없는 젊은 미혼자의 15~25% 정도만 '혼활'을 하고 있을 뿐이다(자료17). 즉, 줄잡아도 애인이 없는 미혼자의 3/4은 스스로 결혼 상대를 적극적으로 찾고 있지 않은 것이다.

애인이 있으면 좋겠다고 생각하는 사람의 비율이 약 50%이므로, 애인이 있으면 좋겠다고 생각하긴 해도 반수 이상은 기다리고 있을 뿐 아무 노력도 하지 않는 것이 된다.

나는 지자체 등의 결혼 서비스를 이용한 결혼 활동을 통해 결혼 또는 약혼한 커플에 대해 인터뷰 조사를 했는데 그중 몇몇 사람은 부모

의 권유로 입회했다. 특히 지자체 등의 공적 소개기관에서는 이러한 경향이 강하다.

즉, 부모가 등을 떠밀지 않으면, 애초부터 만남의 장에도 나가려 하지 않는 사람이 많다.

게다가 만남을 지원하는 활동에서도 단지 미혼 남녀를 모아 놓기만 해서는 좀처럼 커플이 이루어지지 않는다. 성공하고 있는 결혼정보 서비스업이나 공적인 결혼 지원기관에서는 커플을 성립시키기 위해 카운슬링을 하는 일이 많아졌다.

또 '에히메 결혼지원센터'[25]처럼 파티나 맞선으로 만난 커플을 자원봉사자가 응원하는 시스템을 갖추고 있는 곳도 있는 등, 다양한 시도가 행해지고 있다.

지금까지의 논의를 정리해 보자. 연애가 활발한 서구와는 달리 연애가 활발하지 않은 일본에서는 단지 결혼이나 출산의 사회적, 경제적 조건을 갖추는 것만으로는 저출산 대책의 효과는 오르지 않는다.

애초부터 교제 상대가 없는 사람이 다수파이며, 많은 미혼자가 남녀교제에 대해 소극적이다.

따라서 어떤 형태로든 적극적으로 만남을 촉구하고 만남의 기회를 늘리는 정책을 실시하지 않으면 교제, 결혼, 출산에까지 이르지 않는다. 즉 저출산은 개선되지 않는 것이다.

---

25 [역주] 에히메현愛媛県법인회 연합회가 에히메현으로부터 위탁을 받아 결혼 지원을 하는 공적 센터.

④ '육아는 성년이 될 때까지'라는 서구의 의식 vs 일본은 그 이후에도 책임 의식

왜 자녀를 갖는가―자녀가 '생산재' 또는 '도움이 되는 존재'였던 시절

마지막으로, 자녀를 갖는 의미에 대한 '서구 중심적 발상'을 검토해 보기로 하자.

사람은 왜 자녀를 갖는가, 갖고 싶어 하는가, 요컨대 '자녀를 갖는 의미'는 저출산 분석에서 애매하게 취급되어온 분야이다. 근대사회가 자녀를 갖는 것을 선택할 수 있는 사회라면, 자녀를 갖는 의미를 사람들이 어떻게 생각하고 있는가 하는 분석은 필수적일 것이다.

전근대사회에서는 자녀를 갖는다, 갖지 않는다는 선택지 자체가 없었다.

성관계를 하면 그 결과 여성은 임신할 가능성이 높다. 부부가 계속된 성관계를 갖는 것은 당연시된다. 전근대사회에서는 결혼한 부부에게 피임이 원칙적으로 이루어지지 않아 임신이 많았다. 그러나 유산율, 유아사망률, 임산부사망률이 극히 높아 결과적으로 성인이 될 때까지 자라는 아이는 한 가족당 평균 두 명 정도로, 인구의 증감이 거의 없는 사회였다(인구학에서는 다산다사多産多死사회[26]라 부른다).

---

26 [역주]다산다사多産多死사회란 많이 낳고 많이 죽는, 즉 출생률이 높고 사망률도 높은 인구구조를 가진 사회를 말한다. 수백 년 전까지는 인류는 이러한 인구구조를 가졌으나, 의료와 공중보건 수준의 향상, 가족계획 등에 따라 최근에는 대부분의 나라가 다산소사多産少死, 소산소사小産小死의 인구구조로 이행하고 있다.

물론 경제적인 이유로 키울 수 없다, 부부의 아이가 아니다, 미혼인데 임신이다 등 다양한 사정으로 낙태나 영아살해가 일부 행해진 것은 사실이지만, 기본적으로는 공개되지 않았다.

인구학자나 경제학자들은 전근대사회에서 자녀가 '도움이 된다'는 이유로 많이 낳으려 하는 동기부여가 작용했다는 의견을 제기하고 있다.

전근대사회는 농업을 중심으로 한 자영업 사회였다. 여기에서는 자녀는 가업의 노동력으로서 중요했다. 철이 들면 가업을 돕게 했다.

또한 자녀는 가업의 후계자이며 노후 생활을 뒷바라지해 주는 존재였다. 즉, 자녀는 '생산재'로서 의미가 부여된다. 즉, 부모에게 '경제적으로 도움이 되는' 존재였다.

자녀를 갖는 의미의 변화—'소비재로서의 자녀'의 탄생

한편, 근대사회가 되면서 자녀를 갖는 의미가 변화했다. 근대사회가 되어 산업화가 진행되자, 피고용자 가족이 출현해 다수파가 된다. 이른바 '샐러리맨과 전업주부'형 가족이다.

자녀는 노동력으로서의 의미는 없어지고, 또 핵가족이 원칙이 되면서 자녀에게 노후의 부양이나 돌봄을 기대하는 일이 어렵게 된다. 자기 뒤를 잇게 할 가업을 가진 부모도 적어진다.

동시에 많은 서양 선진국에서는 복지국가의 성립에 따라 노후의 돌봄이나 부양은 사회가 책임지는 것으로 되었다. 자녀에게 의지할 필요성이 희박하게 된다.

근대화가 진행되면서 자녀를 낳아 기르는 데 있어, "도움이 되기 때문"이라는 이유는 서서히 사라진다.

이것을 대신해서, 인구경제학자는 근대사회에서는 자녀에 대해 '생산재'가 아니라 '소비재'로서의 위치를 부여한다. 자녀를 낳아 기르는 것이 효용을 낳는다, 즉 '정서적'으로 어떤 플러스의 요소가 있다는 논리이다.

이처럼 자녀를 키우는 것이 "정서적 이유에 근거한다"는 점에서 서구나 일본, 동아시아 국가들 등 근대화하고, 산업화하고, 연금 등 사회보장제도가 정비된 국가들에서는 큰 차이가 없다고 생각된다.

물론, 근대화되었다고 해도, 전근대적인 요소, 즉 자녀를 낳아 기르면 "도움이 된다"는 기대가 잔존하고 있기는 할 것이다. 노후에 부양이나 돌봄을 기대하는 사람은 존재한다. 특히 사회복지제도의 발달이 미약한 나라에서 그러할 것이다.

다만 이 경우에도 '정서적 의미'가 주요 동기인 것은 부정할 수 없다. 순수하게 경제적인 관점에서 현대사회에서 자녀를 키우는 코스트cost(돈과 수고)를 생각하면, 가령 노후에 자녀의 부양을 기대한다 해도 육아는 생각보다 수지가 안 맞고 또 불확실한 투자이다. 그러므로 부모에게 있어 육아는 경제적인 관점에서 '소비'로 생각하지 않으면 안 되게 되었다.

배움 · 즐거움으로서의 육아, 브랜드로서의 자녀

다만 '소비재'라 해도 다양한 형태가 있다. '자녀'라는 소비재는 두 종류의 '효용'을 생각할 수 있다.

하나는 **자녀를 키우는 것 자체에 의미가 있는 효용이다.**

레저에 돈을 들이듯이 "자녀와 놀거나 이야기하는 것이 즐겁다", "자녀가 성장해가는 모습을 보는 것이 자신의 성장이 된다"와 같은 것이 곧잘 거론된다. 마르크스 경제학적으로 말하면 **'사용가치'**인 셈이다.

또 하나는 **자녀가 지닌 가치가 자신의 가치가 되는 형태의 효용**이다.

예를 들면, 고급 차나 브랜드 제품, 또 취미로 진기한 것을 갖는 것은 "다른 사람한테 평가받는 가치가 높은 것을 소유하고 있다"는 것이 효용이 되는 경우이다. 사실, 그런 것을 가지고 있음으로써 만족하는 사람이 많다.

이와 마찬가지로 **가치가 높다고 생각되는 자녀를 키우고 있는 것이 부모의 만족이 되는** 회로回路가 존재한다. 이것은 이른바 자녀의 **'시장가치'**라고나 할까.

자녀가 서구에서는 '사용가치', 일본에서는 '시장가치'

육아의 정서적 의미에 관련해 두 가지로 구분해 생각하면, 서구와 일본에서는 중점을 두는 방식에 다른 점이 있다고 생각된다.

서구에서는 육아 자체가 즐겁다, 자녀를 키우는 것이 자신을 성장시킨다고 하는, 전자의 '사용가치'로서의 의미 부여가 중심이라 생각된다.

일본에서는 서구적인 의미도 물론 있다. 그러나 일본의 육아에는 그 이상으로 "자녀를 더 잘 키운다", 즉 자녀가 사회로부터 어떻게 평가되는지(시장가치라고 해도 좋다)에 대한 강한 의미부여가 있다고 생각된다.

그 결과, 육아의 책임연령에 큰 차이가 나온다.

서구에서는 자녀가 성년이 되면 부모의 책임은 다한 것으로 간주한다. 그래서 부모에게 있어 육아 효용의 대부분은 여기서 종료된다.

부모는 원칙적으로 대학 등의 고등교육비를 부담하지 않는다. 유럽대륙의 국가에서 대학의 수업료는 (자국민에게는) 아주 싸다. 또 미국이나 영국에서는 자녀가 대학에 가고 싶어 하는 경우, 원칙적으로 자기 힘으로 비용을 마련한다. 고교 시절에 아르바이트로 학비를 모으기도 하고, (상환 필요가 없는) 장학금을 얻기도 하고, 학생 대출금을 이용하기도 한다. 그래도 부족한 분은 부모한테 빌리기도 한다.

앞 부분에서 패러사이트 싱글에 대해 설명할 때 말했지만, 성년이 된 자녀는 독립해 생활하는 것이 원칙이다. 게다가 유럽 국가에서는 젊은이의 자립을 위한 사회보장제도도 잘 정비되어 있다(그래도 최근 젊은이의 경제 사정 악화에 따라 부모와 함께 사는 기간이 늘어나고 있다는 지적도 많다. 예를 들면, 존스 홉킨스 대학교수인 사회학자 캐서린 뉴먼Katherine Newman의 『부모 슬하의 생활이란 전략』[이와나

미쇼텐岩波書店, 2013년]에서, 그녀는 젊은이의 경제 사정 악화가 스웨덴 이외의 나라에서 부모 의존을 늘리고 있다고 결론짓고 있다).

그러므로 서구에서는 육아비용(직접비용 + 기회비용—육아를 하지 않았을 때 일해서 얻을 수 있었을 수입)이 자녀가 미성년인 동안에 끝난다. 여러 명의 자녀를 키워도 성년이 될 때까지만 비용을 부담한다면, 비용 부담의 예측이 가능하다. 저출산 대책으로서 육아에 대한 경제적 지원은 자녀가 자립할 때까지의 미성년 기간만으로 충분하다.

그렇다고 해서 서구에서는 부모 자식 사이의 애정이 없다는 것은 아니다. 떨어져 사는 부모 자식 사이의 커뮤니케이션 빈도는 일본 이상으로 높다. 부부와 마찬가지로 애정은 서로 커뮤니케이션으로 표현하는 것으로 생각되고 있다.

자식을 고생시키고 싶지 않다—돌보는 것이 의무이고 사는 보람이기도 하다

한편, 일본의 많은 부모에게는 자녀의 사용가치보다 시장가치 쪽이 중요하다. 자녀와 즐겁게 놀고, 자녀의 성장을 스스로 즐기는 것보다 자녀를 '더 잘 키우는 것' 즉, 자녀의 시장가치를 높이는 것이 더 중시된다.

다른 사람한테 평가되는 자녀 가치로서 큰 하나의 요소는 '학력', 그리고 졸업 후에 이어지는 '직업 순위ranking'이며, 또 딸의 경우는

'어떤 직업 순위의 남성과 결혼했는가' 하는 가치이다.

많은 부모에게 고등교육 등의 비용은 부모가 부담하는 것이 원칙이라고 간주된다. 그리고 그 비용은 상당히 고액이다.

게다가 자녀가 고학력을 얻을 수 있도록 진학이나 보습을 위한 학원 등 학교 밖에서의 학습에 대한 비용도 지출해야 한다.

이것은 단순히 자기 자녀의 가치를 올린다는 경제적 의미만은 아니다. 자녀가 "장래에 더 나은 인생을 살았으면 좋겠다(긍정적인 면)", "고생하며 사는 걸 원치 않는다(부정적인 면)"라는 부모의 애정이 뒷받침하고 있다. 서구와 일본에서 자녀에 대한 애정을 나타내는 방법이 다른 것이다.

일본에서는 고등교육 기간, 그리고 자녀가 성년이 된 후에도 자녀를 계속 돌보는 것이 요구되는 동시에 이것이 부모의 사는 보람이기도 하다. 그렇기 때문에 자녀의 수를 줄이지 않을 수 없는 것이다.

그리고 이것은 일본만이 아니라 많은 동아시아 국가들, 즉 중국이나 한국, 싱가포르나 대만, 홍콩 등의 저출산화에 가장 영향을 끼치고 있는 요인이라 생각된다. 이들 나라에서는 일본과 마찬가지로 **자녀의 가치는 키우는 즐거움 이상으로 키운 자녀가 사회적으로 어떻게 평가되는지가 중요하다.**

예를 들면, 일본에서는 자녀를 좋은 여건에서 키우기 위해, 아버지가 단신부임[27]이나 다른 곳으로 돈벌이하러 나가는 등, 아버지가 독신생활을 하며 처자식을 경제적으로 부양하는 경우도 흔히 있다.

그렇게 되면 아버지의 '육아의 즐거움'은 사라진다. 하지만 아버지가 외로워하면서도 가족을 경제적으로 계속 부양하는 것은 이것이 의무이기도 하지만, 그 이상으로, 자녀가 더 잘 자라고, 자기가 번 돈으로 자녀가 학력을 쌓도록 하여, 자녀에게 감사를 받는 것을 바라기 때문이다.

이것은 중국, 한국 등의 동아시아 국가들, 그리고 필리핀 등에서도 보이는 현상이다.

중국에서도 자녀가 학력을 쌓을 돈을 벌기 위해, 자녀를 조부모에게 맡기고 부부 두 사람이 돈 벌러 멀리 가는 경우가 자주 있다. 또 한국에서는 어머니와 아이는 교육 여건이 좋은 곳으로 이사하고, 아버지는 멀리 떨어진 곳에서 혼자 생활하며 가족을 경제적으로 부양하는 경우도 있다. 필리핀에서는 어머니가 자녀의 학비를 벌기 위해 가정부로 중동 산유국이나 싱가폴, 홍콩 등으로 돈 벌러 나가는 경우도 많다.

자녀와의 커뮤니케이션 등 '육아의 즐거움'보다 경제적으로 부양하고, 좋은 교육을 받게 하는 것을 우선시한다. 즉, 일본과 마찬가지로 '자녀를 더 잘 키우는 것'에 가치를 두는 사람이 많아 자녀에게 돈을 들이지 않을 수 없는 상황이 확대되고 있다.

그래서 동아시아 국가에서 서구 이상의 저출산이 진행되는 데는 이 요인이 가장 크다고 판단할 수 있다.

---

27 [역주] 단신부임單身赴任이란 직장인이 전근 갈 때 가족은 집에 그대로 둔 채, 혼자 지방근무지로 부임해가는 것을 말한다. 장기간에 걸친 단신부임은 이중의 살림을 해야 하는 경제적 부담뿐 아니라 부부갈등, 자녀의 비행 청소년화 등 사회적으로 심각한 문제가 되고 있다.

이래서 서구형의 저출산 대책은 효과가 없었다……

이제까지의 논의를 정리해보자.

서구의 저출산 대책은

① 성년이 되면 미혼자는 나가서 따로 사는 것

② 일에서의 자기실현을 목표로 하는 여성이 많은 것

③ 커플을 원하는 감정이 강하고, 연애 감정이 있으면 함께 살려고 하는 것

④ 자녀를 갖는 것의 가치는 육아를 즐기는 데 있고, 육아는 성년 이 되면 종료라 생각하는 것

을 전제로 추진되어 왔다.

그리고 일부 국가(스웨덴이나 프랑스 등)에서는 '일과 가정의 양립지원'을 하여 저출산 대책에 성공해 출산율이 회복되었다.

한편 일부 국가(미국, 영국 등)에서는 저출산 대책을 할 필요가 없이 출산율은 높은 상태를 유지하고 있다.

그리고 일본에서도 이들 요소를 전제로 저출산 대책을 시행해 왔다.

그러나 유감스럽게도 일본에서는 이들 조건이 성립할 것 같지 않다. 또 이 요소 중 몇몇은 동아시아 국가들에서도 성립하지 않는다.

되풀이하지만, 이것은 다음과 같은 사정이 있기 때문이다.

① 결혼 전 젊은이는 부모와 함께 사는 사람이 많다. 그리고 부모와 함께 사는 것은 비난받지 않는다(이 점은 동아시아 국가들, 그리고 출산율이 낮은 상태인 이탈리아나 스페인 등 남유럽 국가들에서 공통적이다).

② 일에 의한 자기실현을 지향하는 여성은 소수이다. 일을 계속하는 것보다 풍족한 생활을 하는 것에 생활상의 가치를 둔다(이 점은 한국과 같다. 그러나 중국이나 싱가포르 등에서는 다르다).

③ 연애 감정은 중시되지 않는다. 애정이라면 배우자보다 자녀가 우선이고, 부부에 있어서는 연애 감정보다 경제생활이 우선시된다(이 점도 동아시아 여러 나라 공통점이 아닐까 생각되지만, 확실한 조사 데이터는 없다).

④ 고등교육 비용을 포함해 성년이 된 이후에도 계속 자녀를 돌볼 책임이 부모에게 있다. 이것은 자녀의 장래를 가장 중요하게 생각하는 것이 부모의 바람이기 때문이기도 하다. 연애 감정에 몸을 맡기기보다 앞으로 키울 자기 자녀의 생활, 특히 경제생활을 가장 중요하게 생각한다(이것은 동아시아 국가들의 공통점이다).

이러한 사정이 있기 때문에 서구형의 저출산 대책이 '헛일'로 끝나 버리는 것이다(마찬가지로 동아시아 국가들에서도 헛일로 끝날 것이다).

제4장

'리스크 회피'와 '체면 중시'의 일본 사회

―일본인 특유의 가치의식을 탐구한다

일본의 저출산을 이야기할 때 빼놓을 수 없는 세 가지 포인트

이 장에서는 결혼과 육아를 생각할 경우, 서구에서는 고려할 필요가 없지만, 현대 일본 사회에서는 절대로 빼놓을 수 없는, 특유의 가치의식 두 가지를 우선 지적해 두고자 한다.

하나는 ① **장래의 생활 설계에 대한 리스크 회피 의식**이다.

현대 일본에서 대부분의 일본인은 계속 중류 생활을 유지하는 것을 지상명제로 하고 있다. 그래서 장래에 중류 생활을 할 수 없게 되는 리스크를 피하려고 한다.

일본인의 생활 설계에 있어, '남녀교제' '결혼' '출산' '육아' '자녀 교육' 그리고 '육아 후의 노후생활' 문제는 따로따로 떨어져 있는 것이 아니라 상호 밀접한 관계를 가진 것으로 의식되고 있다.

현재, 젊은이가 노후에 이르기까지 장래에 걸친 '생활 설계'를 생각하지 않을 수 없는 시대가 되고 있다. 즉, 앞장에서 말한 "자녀의 대학 교육 비용이 걱정이다"라는 의식은 출산 때 고려될 뿐 아니라, 이 책의 첫머리에서 말한 것처럼 "학자금을 대출받은 사람과 사귀어서는 안 된다"라는 형태로 '남녀교제'에도 영향을 주고 있다.

또 하나는 ② **일본인의 강한 '체면'의식**이다.

젊은이는 결혼, 육아, 그리고 노후에 이르기까지 '남들 보기에 부끄럽지 않은 생활'을 해야 한다고 생각한다. 이것이 일본의 저출산에 크게 영향을 미치고 있다.

체면이란 가족, 친족, 친구 등 내 주위 사람들이 나에 대해 내린다고 생각되는 평가를 말한다.

즉, 자기들만 좋다고 결혼, 출산, 육아를 한다는 것은 안 된다. **결혼하면, 자녀를 낳으면, 자녀를 키우면, 자녀가 성인이 되면, 남들이 어떻게 볼지를 항상 의식하고 행동하지 않을 수 없는 것이다.**

이 의식은 젊은 사람 사이에서도 약해지기는 커녕 소셜미디어 이른바 SNS의 발달로 오히려 더 강해지는 기미마저 보인다.

이 두 가지 가치의식은 일본의 저출산 문제의 고찰을 위해 불가결한 것임에도 불구하고, 지금까지 등한시 되었던 관점이다.

게다가 이 두 가지 가치의식이 있는 결과 나오는 특유의 문제가 ③**심한 육아 중압감**이다. 이 책의 첫머리에 말한 것처럼 "자식을 고생시키고 싶지 않다"라는 감정이 리스크 회피와 체면과 합쳐져 자녀를 갖지 않는 방향으로 작용한다.

일본 고유의 이 세 가지 특징에 대해 차례로 살펴보기로 하자.

(1) '생애에 걸친 생활 설계' + '리스크 회피 의식'

교제하기 전에 육아에서 노후까지를 내다보는 일본 여성

현대 일본 사회에는 결혼, 출산과 관련하여 '생애에 걸친 생활 설계'를 생각하는 사람이 많다. 그래서 생활 설계상의 리스크를 최소한으로 하는, 즉 리스크 회피를 최우선으로 하는 가치관이 강하다.

이 두 가지 요소가 결합하여 지금 일본의 사회상황에서 젊은이가 결혼이나 출산을 삼가는 큰 요인이 되고 있다.

서구에서는 일본에 비해 생애 생활 설계를 해도 소용없다고 생각하는 사람, 그리고 생활에 있어 리스크를 택하는 사람이 많은 점이 오히려 동거, 결혼, 출산을 늘린다고 생각된다. 노래의 타이틀은 아니지만 '케 세라 세라', 장래는 어떻게든 된다, 생각해도 방법이 없다고 생각하고 있는 사람이 일본인에 비해 많다(예를 들면, 일에서도 해고되기 쉽고, 동시에 재취업하기도 쉬운 것이 서구 사회이다).

일본인에게 이러한 경향이 있는 큰 이유의 하나는 일본 사회가 2차 대전이 끝난 후 75년에 걸쳐 사회적 안정을 누릴 수 있었기 때문이다.

우선, '생애에 걸친 생활 설계'라는 관점을 살펴보자.

교육학자인 고야마 시즈코小山靜子 교토대 교수에 의하면, 일본에서는 '출산'과 '육아'가 세트로 되어 있다고 한다(고야마 시즈코小山靜子·고다마 료코小玉亮子 공편『자녀교육』일본경제평론사, 2018년). 육아를 내다볼 수 없으면 출산할지 여부를 결단할 수 없는, 즉 자녀를 이상적인 환경에서 키우는 조건이 갖춰지지 않으면 애초부터 출산을 삼간다는 경향을 지적한 것이다.

그리고 최근에는 '남녀교제'와 '결혼', '교육비' 그리고 '노후 생활'도 일련의 흐름 속에 추가해야 한다.

자료18 미혼자의 '결혼하고 싶은 이유'

미혼자(20~39세)의 '결혼하고 싶은 이유'(복수 회답)

(단위 : %)

	남성	여성
가족을 갖고 싶다	59.1	59.2
아이를 갖고 싶다	54.8	59.9
좋아하는 사람과 함께 있고 싶다	61.7	60.1
평온하고 싶다	39.1	41.0
혼자서 쓸쓸하다	24.7	28.3
서로를 향상시키고 싶다	20.6	24.0
가사 부담이 줄어든다	7.9	3.3
부모나 친척을 안심시키고 싶다	34.6	46.8
경제적인 안정을 얻고 싶다	15.6	42.9
사회적으로 인정받고 싶다	18.9	17.2
노후에 혼자 있고 싶지 않다	26.8	44.3
적령기이다	14.4	24.3
기타	1.1	1.5

출처 : 내각부『헤이세이 22년도 결혼·가족 형성에 관한 조사』

　　2010년에 실시한 내각부의 조사에서 미혼여성이 결혼하고 싶은 이유 중에서 상위에 들어간 것이 "노후에 혼자 있고 싶지 않다"는 것이었다(**자료18**).

　　즉, 결혼해서 자녀를 키우면, 자신이 고령이 되었을 때 자녀가 있어 외롭지 않을 것이라는 심모원려深謀遠慮가 작용하고 있기 때문이라고 짐작된다. 미혼 시점부터 노후의 생활까지 내다보는 여성이 많다고 해야 할까. 한편, 남성의 경우, 이 선택지의 회답률은 여성에 비해 낮은 것도 특징적이다(여성 44.3%, 남성 26.8%).

그리고 이 책의 첫머리에 쓴, "학자금 대출이 있는 사람과 사귀어서는 안 된다"라고 어머니에게서 들었다는 예처럼, '남녀교제'를 시작하려고 할 때조차도 장래의 결혼생활, 육아생활을 내다보는 관점에서 교제할지 말지 판단하려 한다.

즉, 좋다 싫다는 연애 감정만으로 사귀는 것이 아니라 상대방과 교제해 결혼한다면, 장래 어떤 생활을 그릴 수 있는가 하는 관점을 갖고 판단하는 것이다.

그런 경향은 특히 여성이 강하고, 또 미혼여성의 부모 쪽이 강한 것이 아닌가 짐작된다. 다 자란 딸의 결혼에 즈음해 딸의 장래 경제생활을 평생 편안하게 할 수 있는 경제력이 상대방에게 있는지 없는지를 걱정하는 것이다.

키가 큰 남성, 핸섬한 남성이 인기 있는 것은 태어날 자녀를 위해?

여기서 에피소드가 계속되는데, 양해하여 주었으면 한다.

어떤 여자대학생이 "나는 키가 큰 남성하고만 사귄다. 내가 키가 작아, 만약 태어난 남자아이가 키가 작으면 불쌍할 것 같아서"라고 이야기하는 것을 들었다.

즉, 장래 태어날 자녀의 키까지 고려해 사귀는 사람을 결정하려

한다. 그것도 아직 태어나지도 않은 자녀의 장래를 염려해서이다.

남성인 나는 그때까지 키가 큰 남성이 여성한테 인기가 있는 것은 키가 큰 것이 멋있어 연애 감정을 자극하기 때문이라고 믿고 있었다 (내 키는 작은 편이다).

물론 그런 면도 있다고 생각하지만, 아직 태어나지도 않은 자녀를 생각해서 '이성적理性的으로' 키가 큰 남성을 선택한다는 발상은 놀랄 일이었다.

이 이야기를 다른 곳에서 했더니 어떤 여학생은 "여자아이는 아버지를 닮는다고 해서 핸섬한 남성과 결혼하고 싶다. 여자아이는 어릴 때 귀여운지 귀엽지 않은지에 따라, 대우받는 방식이 너무 다르기 때문"이라고 이야기하기도 했다.

즉, 여성에게 있어 교제 상대는 결혼 상대가 될 확률이 높고, 결혼 상대는 자녀의 (유전적인) 아버지가 될 가능성이 높다. 이것을 내다보고 교제 상대를 선택하는 여성이 존재하는 것이다. 자녀가 핸디캡을 짊어질 리스크를 사전에 피하려 한다.

혼활, 육아, 교육, 노후를 따로따로 지원해도 효과가 없다

또 하나, 내가 놀랐던 에피소드를 소개하자. 내 세미나생들이 어느 텔레비전 프로그램의 녹화에 참가한 적이 있었는데, 자신들의 장래에 관해 이야기하는 내용이었다. 그때, "연금 불안이 있습니까?"라는 캐스터의 질문에 대해 한 여학생이 "개인연금에 가입했기 때문에 안심하고 있습니다"라고 대답했다.

학생 시절부터 개인연금에 가입한다는 발상은 적어도 내 젊은 시절(1980년 무렵)에는 없었다. 나와 같은 세대인 마쓰바라 코지松原耕二 캐스터도 놀랐다(BS-TBS『보도 1930』2018년 11월 방송).

그러나 그녀는 학생 시절부터 노후를 대비해 부금을 계속 부을 작정인 것이다.

또 다른 여학생은 "30세 때 출산할" 예정이라고 말했다. 그 이유는 그 전년(그녀가 29세가 되는 해)에 교사인 어머니가 정년을 맞이하기 때문이라 한다. 그녀는 맞벌이를 계속하고 싶기 때문에, 은퇴한 어머니가 태어난 아기를 돌보아 주었으면 좋겠고, 하지만 될 수 있으면 빨리 낳고 싶다. 그래서 생각해낸 결과가 30세 시점에서의 출산계획이라는 것이다. 그리고 "내 어머니도 일하셨기 때문에 할머니가 손주를 돌봐 주셨다"라고 말했다.

즉, 현대 일본에서 대부분의 젊은이는 젊을 때부터 노후까지 생애에 걸친 생활 설계를 마음속에 그리고 있다. 그리고 그 생활 설계가 예정하는 궤도대로 인생을 진행시키는 것을 목표로 하는 듯이 보인다. 그 궤도는 결혼해서 이혼하지 않고 자녀들을 훌륭하게 키운 다음, 유유자적한 노후생활을 보낸다는 것이다.

노후에 안락한 생활을 하기 위해서는 자녀를 제대로 키워 내야 하며, 그러기 위해서는 가정의 수입이 충분해야 하고, 또 그러기 위해서는 앞으로 수입이 많아질 것 같은 남성과 결혼해야 하고, 그러기 위해서는 애초에 그런 남성과 사귀어야 한다—는 식으로 역산逆算해 생각하는 여성이 많다는 것이다.

일본의 젊은이는 연애는 연애, 결혼은 결혼, 육아는 육아, 자녀 교육비는 자녀가 크고 나서, 노후는 노후, 이렇게 따로따로 생각하지 않는다. 이 점을 정책담당자가 좀처럼 이해하지 못하고 있다. 첫 만남의 시점에서 노후의 생활까지 고려해 행동하는 사람이 상당한 비율로 존재하고 있다.

그러므로 만남의 기회 제공, 결혼생활 지원, 육아 지원을 따로따로 해서는 좀처럼 효과가 없는 것이다. 정책담당자는 이 사실을 염두에 두고 대책을 세워야 한다.

원래 일본인은 리스크를 싫어한다—요즘의 '리스크화 진전'에서 그런 경향이 점점 강해진다

다음으로, 리스크 회피 지향에 관해 살펴보자.

앞에서 서술한 생활 설계에 있어 **젊은이가 그린 궤도대로 가지 않을 '리스크'가 높아지고 있다. 이것이 일본 저출산의 주요인이라 해도 좋을 정도라고 나는 판단한다.**

원래 일본인은 '리스크'를 싫어한다.

예를 들면, 일본에서는 여러 외국에 비해, 자산을 가진 사람도 수익은 적지만 안전한 예적금을 선호하고, 주식이나 신탁, 외화예금 등 리스크가 있는 투자를 삼가는 경향이 있다. 리스크를 감수하고 뭔가 새로운 것을 시도하기보다, 안심, 안전을 택하는 사람이 많이 보인다.

젊은이에게 있어서 장래에 그 나름의 중류 생활을 할 수 있을지 없을지는 큰 관심사이다.

2차 대전이 끝난 후부터 1980년 무렵까지는 결혼 후의 경제생활에 큰 리스크가 있다고 생각되지는 않았다. 남성이라면 정사원이 되고 연공서열에 의해 수입이 올라가는 것을 기대할 수 있었다.

또 농가 등 자영업은 정부에 의해 보호되고 있어 자영업의 대를 잇는 남성의 수입도 안정되어 있다고 생각되었다. 따라서 여성은 어느 남성과 결혼해도 장래의 경제적인 생활 리스크를 고려하지 않아도 되었다.

이것이 2차 대전이 끝난 후부터 1980년 무렵까지 출산율이 안정되었던 진짜 이유이다.

그러나 1990년 무렵부터 그 양상이 변화하기 시작한다. 독일의 사회학자 울리히 벡[28]이 말하듯이 글로벌화 등의 영향에 의해 세계적으로 리스크화가 진전된다. 지금의 젊은이에게 있어 "장래는 어떻게든 된다"라고 생각하지 못하게 되는 상황이 나타났던 것이다(울리히 벡『위험사회』호세이法政대학출판사, 1998).

---

28 [역주] 울리히 벡(Ulrich Beck, 1944~2015): 독일의 사회학자, 뮌헨대 교수 역임. 1986년 소련의 체르노빌 원전 사고를 배경으로 쓴『위험사회』로 유명함. 이 저서를 통해 서구 중심의 산업화와 근대화가 위험사회를 낳는다고 경고했으며, 이 책은 세계 각국 언어로 번역되어 사회학계에 큰 영향을 미쳤다.

그 때문인지 예를 들면 직업에 있어 리스크 회피의 경향이 강화되고 있다. 일본능률협회가 매년 신입사원에 대해서, "정년까지 한 회사에서 근무하고 싶은가", "기회가 있으면 전직·독립하고 싶은가"를 물어보는 항목이 있는데, 최근에는 해마다 "정년까지 근무하고 싶다"가 늘고 있다. 취직에서도 아직 기업의 안정성을 제1조건으로 하는 학생이 많다.[29]

딸의 결혼에 점점 더 불안해하는 부모들

결혼도 마찬가지다. 장래에 '남들만큼의 생활'로부터 전락転落하는 리스크를 피하기 위해 '남녀교제', '결혼', '출산', '육아', '교육비', '노후'라는 일련의 생활 설계를 하려고 한다. 그리고 '남들만큼의 생활'이 가능하지 않을 리스크가 있다고 생각하면 결정을 미룬다.

현재 비정규직 젊은이가 늘고 있다. 또 자영업자 가운데도 사업을 계속할 수 있을지 불안한 사람도 많다. 또한 정사원일지라도 앞으로 수입이 안정적으로 늘어날지 어떨지 모른다.

장래 수입과 관련하여 미혼남성 사이에 '리스크 격차'라 불러야 할 것이 생기고 있다.

이럴 때, 여성 측으로서는 장래 생활을 고려하면, 더 안정된 직업, 더 안정된 기업에 근무하는 남성을 구하려는 경향이 강해진다.

---

29 [역주] 상세한 내용은 일본능률협회JMA의 조사·연구 리포트 중 신입사원 의식조사를 참고할 것(https://www.jma.or.jp/activity/report.html).

가령, 결혼하는 시점에서 남들만큼의 생활을 할 수 있는 수입이 있다 해도 이것만으로는 충분하지 않은 것이다. 장래를 고려해야 하는데, 그것도 노후까지 고려해야 한다. 앞으로 주택을 사야 하고, 자녀 교육도 시켜야 하고, 그리고 노후에는 연금으로 생활한다. 이러한 각 시점까지 내다보고 결혼, 출산을 결단하려는 것이다.

나는 『요미우리讀売신문』의 '인생안내'에 올라오는 질문에 대해 답변하는 일을 하고 있는데, 때때로 결혼 상대와의 경제생활의 불안에 대한 질문이 나온다. 특히 여성 측의 부모가 딸의 결혼 상대가 정사원이 아니어서 반대하고 있다는 사연도 보인다.

지금 적령기 젊은이의 부모(2020년에 60세 전후)가 젊었던 시절에는, 대부분의 남성은 정사원이었고 장래 안정된 수입이 약속되어 있었다.

그러나 지금 젊은이는 그렇지 않아서 젊은이 이상으로 딸의 부모는 더 불안해져 수입이 불안한 남성과의 결혼에 반대하는 것이다.

또 투고 사이트인 『요미우리신문』 '하츠겐고마치発言小町'에서도 결혼 상대 남성의 수입이나 자산 상황에 대해 불안하다는 투고를 많이 볼 수 있다.

예를 들면, "오랫동안 사귄 그이, '돈이 없다'는 이유로 헤어져야 하나?"라는 제목의 질문이 들어왔다(2020년 1월 13일 8시 6분). 결혼할 예정인 그가 저금이 하나도 없다는 것이 드러나 이대로 결혼해야 할지 포기해야 할지에 대한 질문이었다.

거기에서 대부분의 독자 반응은 장래에 경제적 불안이 남아 있는 결혼에 부정적이었다. 당장 헤어지고 곧바로 다른 사람을 찾아야 한다는 의견도 있었다.

'새로 시작하기'가 어려운 일본 사회에서는 리스크를 더 회피한다

'생애에 걸친 생활의 리스크'를 회피하고 싶다는 바람은 당연하다.

그러나 생활이 어렵게 될 가능성이 조금이라도 있다 해서 결혼이나 출산을 피한다면, 리스크가 넘치는 지금 사회에서 좀처럼 결혼, 출산의 결단을 내릴 수 없는 사람이 늘어나는 것은 당연하다. 불안정한 사회이니까 리스크가 가능한 한 적은 길을 선택하려는 것이다.

또 서구 사회는 원래 리스크를 택해 새로운 일을 시작하는 것을 높이 평가하는 문화가 있다. 또한 전직轉職이 당연한 것처럼 행해지고 있으므로 '새로 시작하기가 쉬운' 사회라고 한다.

그러나 일본은 대학 졸업 때 일괄채용과 종신고용 관행으로 대표되듯이 한번 코스를 잘못 밟으면 '새로 시작하기'가 어려운 노동관행이 있는 사회로 생각되고 있다.

이것은 결혼, 출산에도 해당한다. 재혼이 늘어나고 있다고는 하지만, 일본에서는 이혼은 실패라는 평가가 따라붙는다.

서구는 이혼이나 재혼을 되풀이해도 특별히 문제라고는 생각되지 않는 사회이다(2020년 3월 현재, 미국의 트럼프 대통령은 세 번 결혼했으며, 영국의 존슨 총리도 두 번 이혼하고 세 번째 결혼을 하려 한다[30]). 서구에서는 전직轉職이 수준 향상(level up)을 의미하듯이, 이혼은 재혼을 목표로 하여 서로에게 있어 더 나은 상대를 찾는 기회라는 의식이 있다.

또 일본에서는 이혼 후 어머니가 자녀를 데리고 사는 모자 세대母子世帶의 빈곤이 보도되고 있다. 분명 일본에서는 이혼 후의 사회보장이 충실하지 않아 아버지나 어머니 중 한쪽이 없는 세대의 빈곤율은 선진국 가운데 최악의 수준에 있다.

이러한 사정 때문에 "장래의 생활에 대한 리스크가 있으면 결혼, 출산을 피한다"라는 의식이 강한 것이 일본의 저출산을 촉진하고 있는 것은 틀림없다고 생각되지만, 이것을 직접 보여주는 조사 데이터를 수집하기는 어렵다. 이 점을 어느 정부 계통의 연구 모임에서 지적한 적이 있는데, 그때 한 관료가 "사람들의 리스크 의식을 바꾼다고 해서는 '대책'을 세울 도리가 없다"라고 내게 말한 적이 있다.

"일에서도 가족에 있어서도 새로 시작하기가 쉬운 사회"로 한다는 것이 가장 효과가 있겠지만, 이것을 실현하기 위해서는 대담한 개혁이 필요하고 고용관행이나 사람들의 의식을 변화시키는 것이 필요하게 되기 때문에 아주 어려운 과제가 되는 것이다.

---

30 [역주] 보리스 존슨 총리는 2021년 5월 29일, 24살 연하의 약혼녀 캐리 시먼즈와 세 번째 결혼식을 올렸다.

(2) 체면 의식—'남의 부정적인 평가를 피하려는' 의식

'체면을 지키는' 것이 중요시되는 일본 사회—얕보이고 싶지 않다

다음으로, 일본 사회에 뿌리 깊게 남아 있는 '체면' 의식이 저출산
에 미치는 영향에 관해 고찰해 보자.

이 '체면' 의식이 강한 것이 일본의 결혼이나 출산을 방해하고 있
는 큰 요인이 되고 있다.

일본 사회에서는 좋아하는 상대와 결혼만 하면 행복한 생활을 할
수 있고, 자녀가 있기만 하면 즐거운 가정생활을 할 수 있는 것이 아
니다. 일본인은 가까운 사람들에 대해 '체면'을 지키는 것을 대단히
중요시한다.

여기서 '체면'을 정의해야 하는데, 사전적으로는 "세상 사람들의
눈에 비치는 자기 모습이나 외관"(『다이지센大辭泉』)이 되고, '세상 사
람들'을 빼면 "사람이 모여 생활하는 장"이 된다.[31]

그리고 이 말은 외국어로 번역하기가 몹시 어렵다.

일영사전을 보면 'appearance', 즉 '겉모습'이란 것이 가장 먼저
나오지만, 단순한 외견만은 아니고, 체면이라는 말에 포함된, 일본
사회에서 큰 위력을 발휘하는 '세상 사람의 눈의 압력'을 외국인에
게 이해시키기는 어렵다.

---

31 [역주] 여기서 '체면'은 원문의 '世間体'를 우리말로 번역한 것이다. 저자는 世間体
에서 世間을 빼면 남게 되는 体에 대한 설명을 하고 있다.

중국어에서는 '체면'이라고 번역한다지만, 이것도 일본 사회에서 이 말이 사용되는 뉘앙스와는 다른 것 같다.

여기서는 "체면을 지킨다"는 것은 "가까운 사람들로부터 한소리를 듣지 않는 생활, 행동을 유지하는 것"이라 정의해두자. 어쨌든, 가까운 사람들 즉, **부모 등 가족, 친한 친척, 학교나 직장의 동료, 친구 등으로부터 부정적인 평가를 받지 않는 것이 일본 사회에 사는 많은 사람들에게 최우선 사항으로 되어 있다.**

체면을 지키지 않는 '생활'을 하는 것이 주위에 알려지거나 체면에 어긋나는 행동을 하면, 그 사람이 속한 집단에 있기 어렵게 된다. 즉, "주위 사람들이 그 사람을 멀리하고", "그 사람이 다가오는 것을 피하고", 종국에는 동료들에게 따돌림을 당하게 될 가능성이 커진다.

구체적으로 말하면, "남들만큼의 생활 수준"을 유지하지 못하면 가까운 사람들로부터 바보 취급을 받든가, 동정을 받기도 한다, 즉 동료로 간주되지 않고 다른 카테고리에 속하는 사람으로 간주된다, 즉 '아래'로 보이게 된다는 것이다.

또 하나는 다수파와 다른 행동을 한다는 것인데, 가까운 사람들로부터 '별난 사람'으로 여겨지고, 동료로 취급되지 않게 된다.

일본 사회에서는 아무리 좋은 일이라도, 다수파에서 벗어난 행동을 하는 사람을 좋게 평가하지 않는다. "분위기를 읽는다"라는 말이 있듯이, 주위에 맞추는 것이 평가되는 사회이다.

체면을 지키려면 우선 **"남들만큼의 생활(주위 사람에 비해 손색이 없는 생활 수준)을 유지하는 것"** 그리고 "(가까운) 다수파의 사람과 크게 다른 행동을 하지 않는다", 즉 **다수파의 행동에 동조하는 것**이 중요하다.

여기서 일본의 체면이라는 것을 이 두 가지의 요소('생활 수준에 대한 체면 의식' '다수파로의 동조압력')로 나누어 저출산과의 관계를 살펴보겠다.

이 두 가지 요소는 '결혼한다, 하지 않는다'에서부터 결혼 상대의 학력이나 나이, 용모, 사는 지역, 주택, 그리고 자녀가 다니는 학교나 양복에 이르기까지 모든 생활영역에 관계된다. "내가 제대로 하고 있기 때문에 주위 사람들이 어떻게 보는지는 상관없다"라고 생각하는 일본인은 소수파다.

우선 제일 먼저, 후자의 **'다수파로의 동조압력'**부터 살펴보자. 이것도 ① '결혼 형태'에 대한 체면 의식 ② '결혼 상대'에 대한 체면 의식, 두 가지로 나뉜다. 이 두 가지 의식이 있는 탓에 일본의 결혼 다양화는 좀처럼 진전되지 않는다.

다수파로의 동조압력, ① '결혼 형태'에 대한 체면 의식

일본에서 '동거', '혼외출산' 그리고 '사실혼(결혼신고서를 내지 않은 결혼)'이 서구처럼 확산하지 않는 것도 그런 것을 하면, '별난 사람'으로 여겨져 체면이 손상되기 때문이다.

동거하거나, 결혼하지 않고 자녀를 낳는 것이 특별히 법률로 금지

자료19 젊은이의 동거율

동거하고 있는 사람의 비율(18~34세의 미혼자)

	1987년	1992년	1997년	2002년	2005년	2010년	2015년
남성	0.9%	1.1%	1.7%	2.3%	1.9%	1.6%	1.7%
여성	0.7%	1.1%	1.7%	2.4%	2.3%	1.6%	1.8%

출처 : 국립사회보장 · 인구문제연구소 『출생동향기본조사』(2015)

자료20 외국과의 동거 경험률 비교

18~49세의 동거 경험(기혼자도 포함)

(단위 : %)

	일본	한국	미국	프랑스	스웨덴
동거 경험 없음	81.3	95.4	45.4	18.6	18.3
예전에 있지만, 지금은 없다	17.3	3.0	41.1	47.8	47.3
현재 동거중, 결혼 예정 있음	1.0	1.3	7.6	8.7	10.8
현재 동거중, 결혼 예정 없음	0.3	0.3	3.4	17.2	12.8
불분명	0.1	—	2.5	7.8	10.9

출처 : 내각부 『저출산 사회에 관한 국제의식조사』(2010년 조사)

된 것은 아니다. 그리고 많은 서구선진국에서 동거는 일반적이고 제 1장에서 말한 것처럼 스웨덴이나 프랑스처럼 혼외출산이 반수를 넘 는 나라도 드물지 않다.

　그러나 일본에서는 18세~34세까지의 미혼자 중, 동거하고 있는 사람의 비율은 겨우 1.7%이다(**자료19**). 동거할 정도라면 결혼해야 한다는 '체면'의 압력이 존재한다.

또 앞장에서 살펴본 것처럼 일본에서는 대다수 미혼자가 부모와 함께 살고 있다는 사실도 영향을 끼친다.

혼자 생활하는 독신자라면 동거하는 것에 대한 장벽이 낮을 것이다. 그러나 부모와 같이 사는 미혼자가 다른 사람과 동거한다고 말하고 부모 곁을 떠나는 것을 기꺼이 인정하는 부모는 드물다.

그러므로 일본에서는 '시험 삼아' 마음에 드는 이성과 함께 살아본다는 선택지가 닫혀 있다.

그 결과, 일본에서는 18~49세의 동거 경험이 없는 비율(기혼자 포함)은 81%로, 프랑스나 스웨덴의 18%에 비해 현격히 차이가 난다 (**자료20**).

부모와 함께 사는 미혼자가 이성과 함께 사는 것은 사실상 결혼을 의미한다. 시험해볼 수 없으면, 상대를 선택하는 것에 대해 신중하게 되지 않을 수 없다. 함께 살아보고 "이건 아니다" 싶어도 새로 시작하기가 쉽지 않기 때문이다.

이 '체면' 의식에 리스크 회피 의식이 더해져 결혼을 멀리하게 된다.

'속도위반 결혼'의 증가에서 보는 희망─체면의 내용은 바뀐다

하지만 체면의 내용은 바뀐다. '세상 사람들의 평판'이란 것에 절대적인 기준은 없기 때문이다.

이것은 이른바 '속도위반 결혼'의 예에서 볼 수 있다.

속도위반 결혼이란 임신을 알고 난 뒤에 결혼신고서를 내고 출산하는 것이다(사회학자인 효고兵庫교육대학의 나가타 나쓰키永田夏來 준교수[32]는 '임신선행결혼妊娠先行結婚'이라 부르고 있다 [『생애 미혼 시대』 이스트신쇼新書, 2017년]). 결혼은 자녀가 '혼외자'로 되는 것을 피하려고 이루어지는 것이 많다.

일본에서는 2006년 시점에서 첫째 아이의 30.8%가 임신 후에 결혼한 부부에게서 태어나는 것을 알 수 있다(후생노동성 조사). 그 이전의 결과가 공표되지 않고 있어 실제로 늘어나고 있는지 어떤지는 알 수 없다. 다만 현재 그 비율은 감소 기미를 보이고 있고, 2014년에는 24.7%이다.

여기에는 두 가지의 체면 의식이 관계하고 있다.

우선, 미혼으로 자녀를 출산하는 것은 체면에 어긋나는 일이고, 비난을 받아도 어쩔 수 없다는 의식이 강하게 남아 있다. 다음 절에서 서술하겠지만, "자식에게 마음고생을 시키고 싶지 않다"는 의식이 작용한다.

그러나 미혼으로 임신해도, 결혼하면 체면에 어긋나지 않는다는 상황이 생겨났다.

1980년 무렵까지는 속도위반 결혼은 세상 사람들의 비난 대상이 되었다. 그래서 결혼하도록 예정되어 있어도 교제 중에 임신한 경우

---

32 [역주] 준교수准教授(Associate Professor)는 일본의 고등교육기관에서 교수 다음의 교원 직위, 또는 그 직위에 있는 사람이다. 2007년 3월 학교교육법 개정에 따라 그 이전의 조교수助教授를 대체하는 직위. 현재 조교수는 따로 없으며 신설된 조교助教(Assistant Professor)와도 다르다.

에는 낙태(인공임신중절)를 선택하는 커플도 많았다.

그러나 체면에 있어서 중요한 것은 '수數'이다. 1990년대를 통해 속도위반 결혼이 늘어나 30%에 이르자 이미 소수파라 할 수 없게 되었다. 속도위반 결혼을 하는 사람이 더는 '별난 사람'이라 불리지 않게 되었다.

예를 들면, 장수 프로그램 『신혼부부 오세요!』(TV 아사히朝日계열)에서도 최근에는 결혼하게 된 이유가 아이가 생겼기 때문이라고 당당하게 이야기하는 부부가 늘고 있는 데서도 알 수 있다.

이처럼 '속도위반 결혼'이 체면에 어긋나지 않게 되어 일본의 출산율을 다소 밀어 올린 것은 아닐까 판단할 수 있다. 속도위반 결혼이 존재하지 않는다면, 자녀의 1/8은 태어나지 않았을 것이기 때문에 합계출산율은 1.2 정도까지 떨어진다(첫째 아이의 25%, 태어난 자녀 전체의 12.5% 정도에 해당한다).

덧붙이자면, 한국의 출산율이 일본보다 상당히 낮은 것도(자료6), 속도위반 결혼이 아직 체면에 어긋난다고 생각되고 있기 때문은 아닐까 하고 나는 추측한다.

다수파로의 동조압력, ② '결혼 상대'에 대한 체면 의식

다음으로, 결혼 상대에 대한 체면 의식을 살펴보자.

누가 누구와 결혼했다는 것은 주위 사람들의 관심의 표적이 된다.

이것은 지금도 TV나 인터넷의 뉴스에서, 황실부터 정치가, 예능인에 이르기까지 유명한 사람의 결혼은 반드시 화제가 되는 데서도 알 수 있다.

가까운 사람들에서도 마찬가지로 가족, 친척, 친구, 학교 동창생이 어떤 인물과 결혼했는지는 반드시 소문이 난다.

거기에서 화제의 기준은 '격格(rank)'이라고 해야 할 것이다. 학력, 연령, 직업이나 수입, 용모, 거주지 등 본인의 속성뿐 아니라 집안, 즉 부모의 직업이나 자산, 게다가 출신지, 나아가서 이혼 이력이나 국적 같은 것까지 종합적으로 고려되어 어느 쪽이 격이 올랐다든가, 격이 아래인 사람과 결혼한 것은 아깝다든가, 격이 위인 저런 사람과 어떻게 용케 결혼할 수 있었는지 등, 다양한 평가가 어지러이 날아다니는 세상에 살고 있다.

그리고 그 격을 매기는 법은 남녀가 크게 다르다.

남성은 본인의 학력이나 수입, 직업 등이 크게 영향을 주고, 여성은 외모, 나이, 그리고 집안 등이 크게 영향을 준다. 그 양상은 내가 종종 인용하고 있는 사이트인 '하츠겐고마치'에서 남녀관계의 투고를 보면 잘 알 수 있다.

일본 사회에서는 두 사람이 어느 정도 서로 사랑하고 있는지 같은 것은 타인에게는 관심 밖이다. 그저 결혼하는 두 사람의 격의 균형에 관심이 더 쏠린다.

기대 수준 이하의 사람은 "자기에게 어울리지 않는다"며 배제

이것을 결혼하려는 사람에 적용하면, 자기의 격과 상대의 격을 늘

비교해 두 사람의 격이 별로 떨어지지 않는 결혼 상대를 선택할 필요가 있다. 그렇지 않으면, 주위 사람, 특히 부모로부터 '비판적인 언동'을 받게 된다, 즉 비판받을 것을 각오하고 결혼해야 한다.

극단적인 예이지만, 다음은 내가 예전에 접한 사례이다.

어느 지방 도시에 일란성 쌍둥이 자매가 있었다. 학력도 같고, 일반직 사원으로 근무하고 있었다.

그리고 한쪽이 20대 후반에 고학력 고수입의 착한 남성과 만나 결혼했다. 맞벌이하면서 남편은 가사와 육아도 거들어주고 아주 풍족한 생활을 이루었다.

한편, 다른 한쪽 쌍둥이는 40세가 다 되어도 미혼인 채로 있었다.

여기서부터는 내 상상인데, 가족 배경도 외모도 같은 쌍둥이라서 한쪽보다 격이 크게 뒤떨어지는 남성과 교제해 결혼하는 것은 "체면이 떨어진다", "나도 같은 격의 사람과 결혼할 수 있을 것이다"라고 생각하고 결혼하지 못하고 있는 것은 아닐까?

이것은 쌍둥이가 아니더라도 일어나는 일이며, 자매, 사촌, 학교 동창생 등에서도 자기와 같은 정도의 격이라고 생각되는 여성이 이상적인 남성과 결혼한 경우, "나도 같은 정도의 남성과 결혼할 수 있을 것"이라고 기대하는 것은 어쩔 수 없을지도 모르겠다. 반대로 말하면 기대 수준 이하의 남성을 "나에게는 어울리지 않는다"며 배제해버리는 이유가 되기도 한다.

심지어 지역까지 체면의 대상이 되기도 한다. 이노우에 쇼이치井上章一의 베스트셀러 『교토가 싫은 사람』(아사히신쇼, 2015년)의 첫머리에 교토 시내의 중심부에 사는 여성이 교토 교외에 거주하는 남성과의 맞선 이야기가 들어와 한탄하고 있는 것을 얼핏 들었다는 이야기가 나와 있다. 간토關東 출신인 나는 잘 모르지만 교토 중심부 여성의 자존심과 관계가 있을 것이다.

또 남성의 경우라면, 남성끼리 결혼 상대인 여성의 연령이나 용모가 화제가 되기 때문에 결혼 상대에 대한 기대 수준이 올라가 기대 수준 이하의 사람과는 사귀지 않는다는 사태가 일어난다.

서구 사회에서도 결혼 상대의 격에 대한 다양한 소문은 들리지만, 그것보다는 "본인과 상대가 얼마만큼 서로 사랑하고 있는가" 하는 쪽이 더 중시된다.

가령, 그것이 겉으로 내세우는 주장이라 해도, 아니 겉으로 내세우는 주장이기 때문에 '연애지상주의'에 입각한 커플 형성이 촉진된다고 생각한다.

생활 수준에 대한 체면 의식―일본인은 실은 꽤 가난하다

다음으로 '생활 수준에 대한 체면 의식'과 저출산의 관계를 살펴보자.

일본의 저출산을 생각할 때, 이 점이 가장 영향을 준다고 나는 판단한다.

누구라도 주위 사람들이 자기를 "가난하다"라고 생각하는 것을 바라지 않는다. 많은 사람들은 '남들만큼의 생활'을 하고 있지 않다는 이유로 주위 사람들로부터 얕보이거나 동정받는 것을 싫어한다.

가령, 실제로 생활이 어려워도, 체면상, 보통의 생활을 하는 듯이 보일 필요가 생긴다. 이것이 **일본의 빈곤율이 선진국 중에서 높지만, 빈곤이 좀처럼 사회문제가 되지 않는 이유라고 생각한다.**

실은 일본의 상대적 빈곤율(중위소득中位所得의 50% 이하 소득 인구가 그 나라나 지역의 전 인구에서 차지하는 비율)[33]은 2015년에 16.0%이다(OECD 평균은 10.5%). OECD 34개국 중에서는 여섯 번째로 높고, G7 가운데서는 미국에 이어 두 번째로 높다.

일본의 1인당 GDP는 OECD국 가운데서도 낮은 편이므로 빈곤 상태에 있는 사람의 비율은 선진국 중에서도 상당히 높다.

덧붙이자면, 2018년 미국의 1인당 GDP는 62,869달러, 독일은 47,662달러인데 비해 일본은 39,304달러이다. 미국의 상대적 빈곤율이 높다고 해도 평균소득이 1.5배이므로 가난한 생활을 하는 사람의 비율은 일본이 미국보다 높다고 말할 수 있다.

일본은 선진국 중에서도 가난한 생활을 하는 사람이 많은 사회라고 한다. **"의식은 중류, 하지만 현실은 빈곤에 가까운 생활", 뒤에 말하겠지**

---

33 [역주] 상대적 빈곤율이란 소득이 중위소득의 50% 미만인 계층이 전체인구에서 차지하는 비율을 말한다. 예를 들어, 2019년도 한국 전국 가구의 가처분소득 기준 상대적 빈곤율이 16.3%인데, 이것은 한국 인구 전체를 연간소득순으로 한 줄로 세웠을 때, 딱 중간에 있는 사람의 소득이 4천만 원이라고 하면, 2천만 원(4천만 원 X 50%) 미만인 사람의 비율이 16.3%라는 뜻이다. 상대적 빈곤율은 소득이 빈곤선(중위소득의 절반)도 안 되는 빈곤층이 전체 인구에서 차지하는 비율로, 상대적 빈곤율이 높다는 것은 그만큼 상대적으로 가난한 국민이 많다는 것을 의미한다.

만, 이것이 일본의 저출산의 큰 원인이다.

반대로 말하면, 빈곤한 사람이 많음에도 불구하고, 자기가 빈곤하다는 사실을 겉으로 드러내지 않는 사람이 많다는 것을 모두 알고 있다. 그러므로 앞에서 말한 '리스크 회피 의식'이 강하게 작용하는 것으로 생각한다.

여기서 말하는 주위 사람이란 앞에서 말한 친척, 학교 동창생, 직장 동료 등이다. **일본인의 자존심은 다른 사람한테 얕보이지 않는 것에만 있는 듯한 인상을 받는다.**

이것은 현대 일본 사회에 사실상 경제상의 격차가 있지만, '명확한 계급 구분'이라는 것이 존재하지 않기 때문이다. 그리고 이것이 저출산에 크게 영향을 주고 있다.

'남들만큼의 생활 수준'이 높아졌다―'중류의식'[34]만 남은 사회

많은 유럽 사회는 계급 구분이 있는 사회이다. 미국에도 유럽만큼은 아니지만, 계급의식이 있다고 한다. 문화 인류학자 나카네 치에中根千枝 씨가 최근 출간한 저서에서도 이것을 강조하고 있다(『종적 사회와 현대일본』고단샤 겐다이신쇼講談社現代新書, 2019년).

거기에서는 중산계급과 서민계급(노동자계급)의 세계 사이에는 복장부터 말투에 이르기까지 일상 생활양식에 큰 차이가 있다. 그렇게 되면 중산계급의 사람은 중산계급의 생활 수준을 지향하고, 다른

---

34 [역주] 자신이 중류 또는 중류계급에 속한다는 의식.

한편의 서민계급은 서민 생활 수준으로 충분하다는 얘기다.

일본 사회는 고도성장기를 거치며 많은 사람이 자기를 중류라고 생각하는 사회가 되었다. 다양한 여론조사를 보면, 1980년대의 시점에서 자기를 '중'이라고 생각하는 사람이 80%를 넘었고, 최근 다소 떨어지는 경향은 보이지만, 그대로 현재에 이르고 있다.

즉, '남들만큼'의 생활을 하는 것이 당연하다고 보는 사회가 되었다. '남들만큼'의 생활을 할 수 없으면 세상에 얼굴을 들 수가 없는, 즉 친척, 직장 동료, 학교 동창생 등으로부터 얕보이게 되는 사회가 된 것이다.

그리고 현재의 일본에서 대부분 사람이 중류라고 생각하고 있는 데서 알 수 있듯이 '남들만큼의 생활 수준'이 높아진 사회라 할 수 있다.

가전제품을 갖추는 것은 물론, (필요하면) 자동차를 가지고, (어느 정도의 나이가 되면) 아파트나 단독주택을 가지고, 자녀를 학습학원이나 예능학원에 보내고, 자녀를 대학에 보낼 수 있는 정도는 되어야 '남들만큼의 생활 수준'이 된다고 생각한다.

돈이 없어 이러한 것이 가능하지 않은 사태, **즉 중류 생활로부터 전락하는 사태를 피하려 한다.**

일본에서는 다음 절에서 말하는 것처럼 "자식을 고생시키고 싶지 않다"라는 의식이 아주 강하다. 부모에게 괴로운 것은 다른 사람은 자녀에게 제공하고 있는데 자기는 돈이 없기 때문에 제공할 수 없는 사태이다.

자녀에게 '남들만큼의 생활'을 제공할 수 없게 되면, 부모로서의 자신감이 흔들리게 된다. 그리고 장래 자녀가 "부모가 ~을 해주지 않았다"고 생각하는 것만은 피하고 싶어 한다.

그러므로 자녀 수를 줄일 뿐 아니라 애초부터 그러한 환경을 제공할 수 없을 것 같은 결혼을 하지 않는 것이다.

(3) 심한 육아 중압감—자식을 고생시키고 싶지 않다

아동학대의 증가와 육아 중압감

끝으로, 일본에서의 육아 중압감에 대해 살펴보겠다.

가족을 연구하고 있는 중국 유학생에게서 "일본의 부모는 자녀에 대한 애정이 없는 것이 아닌가?"라는 질문을 받았다. 언론에서 부모에 의한 아동학대로 자녀가 죽었다는 뉴스만 나오고 있지 않느냐는 것이다.

분명 아동학대는 결혼, 출산과는 반대로, 헤이세이平成에 들어서고 나서 1990년대를 통해 증가하기 시작해 2018년에는 신고 건수가 약 16만 건에 달하고 있다. 이 증가세는 생애 미혼율 상승 곡선과 흡사하다.

나는 아동학대의 증가는 뒤집어 생각하면, 육아 중압감이 겉으로 드러난 현상이 아닌가 판단한다. "남들처럼 아이를 키울 수 없다면, 아이는 필요 없다"라고 체념하고 내팽개쳐버리는 것도 하나의 요인이 아닌가 싶다.

중대한 학대 사건을 일으키는 부모의 대부분은 비정규직 등으로 경제적으로 어렵다는 등, 자녀에게 남들만큼의 환경을 제공할 수 없는 상태에 있다(그렇다고 해서 범죄를 일으키는 것이 허용된다는 것은 아니지만).

많은 사람이 남들처럼 자식을 키울 수 없는 상황에 빠질 수 있는 리스크를 피하려고 결혼이나 아이를 포기한다. 이것이 저출산을 가져오는 최대 요인이라고 나는 판단한다. 이것은 단지 체면이라는 외재적인 압력만이 아니라, 자식에 대한 애정에 근거하고 있어 좀처럼 바꾸기가 어렵다.

자식에게 돈을 들이는 것이 부모의 애정이고 도리라는 의식

물론 서구에서도 자식에 대한 애정은 강하게 존재한다. 그러나 제3장 3절 ①의 '패러사이트 싱글'에서도 말한 것처럼 서구에서는 자녀 양육은 성년이 될 때까지이며, 그 이후 자녀는 부모로부터 자립해야 한다는 사고방식이 강하다. 그리고 또 서구에서는 자녀와의 커뮤니케이션을 하는 것이 자녀에 대한 애정표현이라는 사고방식이 강한 것은 이미 말했다(그러므로 아내와 자녀를 남겨두고 남편 혼자 지방근무지에 부임하는 단신부임은 일본이나 한국에서는 일반적이지만, 서구에서는 좀처럼 없고 또한 이혼한 부모의 면접교섭권[35]이 강하게 주장된다).

---

35 [역주] 부부가 이혼한 뒤 자식을 양육하지 않는 부모가 자식을 만나거나 전화 또는 편지 등을 할 수 있는 권리.

일본 사회에서는 무엇보다 "자식을 고생시키고 싶지 않다"는 부모의 감정이 앞서 있다. 아이가 마음고생을 하는 걸 보는 것은 부모로서 아주 슬프다. 그렇다면 아이가 마음고생을 하지 않도록 먼저 배려할 필요가 있다.

그러기 위해서는 어느 정도 경제력의 예측이 필요하게 된다. 즉, 일본 사회에서는 다른 아이에게는 부모가 사주는데, 자신은 자기 아이에게 사주지 못한다든가, 다른 아이에게는 자기 방이 있는데 자기 아이에게는 자기 방을 마련해 줄 여유가 없다든가, 다른 아이는 학원에서 배우는 데 자기 아이에게는 무리라고 하는 것은 부모로서 괴로운 일이다. 이것을 피하려면 자녀를 갖지 않든가, 자녀 수를 줄일 수밖에 없다.

또 일본에서는 학교에서 괴롭힘이 많고 그로 인한 자살이 자주 뉴스가 된다. 물론 괴롭힘을 당하는 원인은 다양하지만 다른 사람이 가진 것을 못 가진 것도 하나의 이유로 존재한다. 그렇다면 자녀가 괴롭힘을 당하는 리스크를 피하려면 자녀에게 충분한 돈을 들이지 않으면 안 되고, 그러기 위해서는 자녀 수를 줄일 수도 있을 것이다.

또 앞에서도 소개했지만, 어느 아버지와 인터뷰했을 때 "아이에게 자기 방을 마련해주고 싶어 두 명을 갖지 않는다"고 답한 사례가 있었다. 자기는 어릴 때 형과 함께 같은 방을 쓰면서 마음고생을 했다. 그래서 자기 아이에게는 그러한 마음고생을 하게 할 수 없다. 자기 수입으로는 아이 방은 하나가 고작이기 때문에 두 명은 무리라는 논리이다.

서구처럼 자녀가 어릴 때는 애정을 베풀면 그것으로 충분하고, 성인이 된 후의 생활은 자녀의 자기 책임이라면, 육아를 할 때의 경제력은 그다지 생각할 필요가 없을지도 모르겠다. 그러나 일본에서는 "자식을 고생시키고 싶지 않다"는 의식이 강하고 이것이 성인이 된 이후에도 계속되기 때문에 경제력을 생각하지 않을 수 없는 것이다.

즉, 부모의 애정과 체면 의식, 그리고 리스크 회피 의식, 이 세 가지가 결합해 저출산을 초래하고 있다고 생각된다.

상황이 이러한 데도 불구하고, 서구형의 저출산 대책, 즉 여성이 일하러 나갈 수 있으면 된다, 하여튼 자녀가 최소한의 생활을 할 수 있으면 된다는 식의 지원은 '효과가 없는' 것이다.

이것이 이 장, 아니 이 책의 결론이다.

그리고 이 논리는 많은 동아시아 국가들의 저출산에도 들어맞는다. 이들 국가와 지역에서는 자식에게 남들만큼 돈을 들이는 것이 부모의 애정이고 도리라는 의식이 일본과 마찬가지로 강하기 때문이다.

여성의 기대치와 남성의 현실—엇갈리는 다수파

이 장의 마지막에 부록으로 다음 두 개의 조사 결과를 소개한다.

하나는 메이지야스다明治安田생활복지연구소의 2010년 조사(**자료21, 자료22**), 또 하나는 2019년 아사히신문 여론조사부의 조사(**자료23**)이며 둘 다 내가 관여한 것이다. 관여했다기보다 내가 이 질문을

자료21 결혼상대에게 바라는 연봉

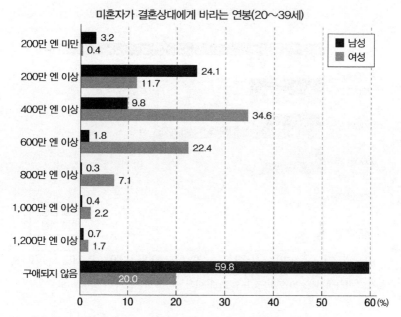

미혼자가 결혼상대에게 바라는 연봉(20~39세)

구분	남성	여성
200만 엔 미만	3.2	0.4
200만 엔 이상	24.1	11.7
400만 엔 이상	9.8	34.6
600만 엔 이상	1.8	22.4
800만 엔 이상	0.3	7.1
1,000만 엔 이상	0.4	2.2
1,200만 엔 이상	0.7	1.7
구애되지 않음	59.8	20.0

주) 데이터는 2009년 메이지야스다생활복지연구소『결혼에 관한 조사』에서 인용
출처 : 메이지야스다생활복지연구소『생활복지연구 74호』(2010)

자료22 현실의 미혼남성의 연봉

미혼남성의 연봉(20~39세)

200만 엔 미만 38.6 / 200만 엔 이상 36.3 / 400만 엔 이상 19.4

25.1 (%)

600만 엔 이상 4.0
800만 엔 이상 1.0
1,000만 엔 이상 0.7

주) 데이터는 2009년 메이지야스다생활복지연구소『결혼에 관한 조사』에서 인용
출처 : 메이지야스다생활복지연구소『생활복지연구 74호』(2010)

자료23 결혼상대에게 요구하는 수입

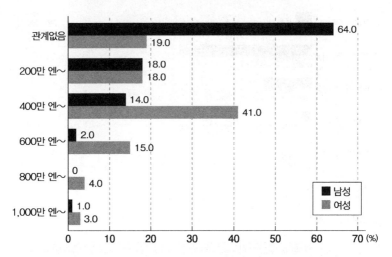

결혼상대에게 요구하는 연봉(미혼남녀, 25~34세)

출처 : 『아사히신문』 2019년 1월 13일 조간, 아사히신문 여론조사부 조사(2018)

넣도록 제안했던 것이다.

미혼자에게 어느 정도의 수입이 있는 사람과 결혼하고 싶은가를 묻고 있다. 남녀에서 큰 차이가 있는데, 남성은 상대의 수입에 구애되지 않는다고 대답하는 사람이 대다수이지만 여성이 상대의 수입에 구애되지 않는다고 회답한 것은 두 조사 모두 약 20%이다.

그리고 여성 측이 상대의 수입에 대한 기대치가 높다. 그러나 현실의 미혼 남성의 수입은 대다수 여성의 기대치에 미치지 못한다.

즉, 체면을 지키는 생활을 하기 위해서는 상대 남성의 수입이 상당하지 않으면 안 된다고 생각하는 여성이 많다는 것이다.

이것도 다른 책에 이미 쓴 것이지만, 이 결과를 영국에서 발표했을 때, 대학의 남성 교수로부터 "이런 실례되는(rude) 질문을 했는가"라는 말을 들은 적이 있다. 만약 영국 여성이라면 결혼은 애정으로 해야지, 상대의 수입에 구애되어서는 안 된다고 답할 것이라고 그는 말했다.

반대로 중국에서 발표했을 때는, 중국 여성은 남성의 수입뿐만 아니라 남성 부모의 자산까지 묻는다는 이야기를 들었다. 결혼할 때 남성의 부모가 주택을 마련하는 것이 중국 중류 가정의 관습이기 때문이라고 한다.

애초부터 저출산이 발생하지 않은 영국처럼 상대의 수입에 구애되지 않는다는 여성이 일본에서도 늘어나면 저출산이 해소될지도 모르지만, 2010년과 2019년의 수치가 거의 변하지 않고 있는 것을 봐도, 남성에게 어느 정도 이상의 수입을 요구하는 여성이 다수파인 상황은 좀처럼 변하지 않는 것이 아닌가 생각한다.

제5장

일본에서 유효한 저출산 대책은
가능한가?

(1) 일본의 저출산의 밑바탕에 있는 것

젊은이의 '중류 전락 불안'이 저출산을 낳는다

결론은 간단한데, 앞장에서 말한 것처럼 일본인은 '생애에 걸친 생활 설계'에 있어 '남들만큼의 생활 수준을 기대할 수 없는' 리스크가 조금이라도 있는 결혼, 출산을 피하려고 한다. 그 배경에는 "자식을 고생시켜서는 안 된다"라는 자식 양육에 대한 강한 집착이 있다.

그리고 현재의 경제 상황에서 젊은이 중에는 한평생 남들만큼의 생활 수준을 유지할 수 있는 결혼생활, 육아생활을 하는 것이 어렵다고 생각하는 사람이 늘어나 상당수에 이르고 있다.

결혼이나 출산은 뭐니 뭐니 해도 '생활 상황을 바꿔버리는 사건'이다. 생활 수준을 상승시키는 방향으로 바뀔 수도 있고, 생활이 어렵게 되어 남들만큼의 생활을 할 수 없게 되는 상황에 빠질 가능성도 있다. 후자로 빠질 리스크를 가능한 한 작게 하려는 것은 당연하다.

일본에서는 '남들만큼의 생활'로부터 전락할 가능성을 피하려는 의식이 강하다. 나는 이것을 '중류 전락 불안'中流轉落不安이라고 부른다(졸저『저변으로의 경쟁』아사히신쇼, 2017년 참조). 이 '중류 전락 불안'이 결혼만이 아니라 남녀교제까지 삼가게 하고 있다. 그리고 결혼한 후에도 자녀를 희망 수 이상으로 낳아 키우는 것을 방해하고 있다.

즉, 저출산 대책이 효과를 발휘하기 위해서는 젊은이가 '중류 전락 불안'을 갖지 않도록 할 필요가 있다. 구체적으로는 대부분의 젊은이가 결혼해서 세 명 이상의 자녀를 키워도 생애에 걸쳐서 남들만큼의 생활 수준을 유지할 수 있다는 '확신'을 갖게 할 필요가 있다.

'중류 전락 불안'을 갖지 않는, 가질 수 없는 서구 젊은이의 상황

지금까지 시행해온 정책으로는 이러한 '젊은이의 중류 전락 불안'을 불식할 수 없었다. 왜냐하면 '중류 전락 불안' 의식이 일본에 비해 약한 서구 사회의 저출산 대책을 모델로 해왔기 때문이라는 것은 제3장에서 말한 대로이다.

서구에서 젊은이의 '중류 전락 불안'이 약한 이유는 몇 가지 있다.

① 북미나 네덜란드, 프랑스 등 사회보장제도가 잘 정비된 국가에서는 젊은이에 대한 사회보장이 충실하게 되어 있다. 실업 보장, 주택보증 등이 있고 육아 지원도 충실하다. 또 일에 있어 여성 차별은 적다. 이들 국가에서는 결혼(동거)해 아이를 낳아 키워도 어느 정도의 생활을 유지할 수 있는 것을 기대할 수 있다. 즉, '중류 전락 불안'을 갖지 않는 것이다. 또 고령자에 대한 사회보장도 충실하므로 고령이 되어도 걱정 없다고 확신하고 있다고 생각된다.

② 미국 등 자유주의 국가에서는 결혼하든 하지 않든, 자녀를 갖든 갖지 않든, 중류 생활로부터 전락할 리스크는 높다. 성년이 되

면 자립 생활이 요구되므로(이것은 북유럽 등도 마찬가지) 오히려 독신으로 있는 편이 중류에서 그 이하로 전락할 리스크가 높아진다. 동거나 결혼은 오히려 중류 생활에서 그 이하로 전락할 리스크를 낮춘다. 왜냐하면 서구에서는 맞벌이가 일반적이어서, 배우자의 한쪽이 일시적으로 실업해도 다른 한쪽이 돌볼 수 있기 때문이다. 그리고 한쪽은 육아하면서 재취업을 준비할 수 있다. 즉, 동거나 결혼은 '중류 전락 불안'을 경감하는 하나의 수단인 것이다.

③ 서구에서는 육아에 관해서는 성년이 될 때까지라는 예측이 선다. 일본처럼 고등교육 비용이나 졸업 후의 걱정을 할 필요가 없다. 또 육아 중압감이나 체면 의식이 약하여 자녀에게 돈을 들일 수 없어도 부모가 부담감을 덜 느낀다. 이것은 자녀와 커뮤니케이션을 하는 것이 부모의 애정이라는 가치관이 강하기 때문이기도 하고, 경제적으로 자식에게 고생을 시켜서는 안 된다는 의식이 일본에 비해 약하기 때문이다.

이러한 이유에서 서구에서는 동거나 결혼을 해서 자녀를 갖는 것이 '중류 전락 불안'을 더 키우는 것으로 이어지지 않는다. 사회보장제도가 잘 갖추어진 나라라면 자녀수당 등이 충실하므로 자녀를 가짐으로써 반대로 생활 수준이 향상되는 경우도 있다. 예를 들면, 프랑스에서는 셋째 아이 이상에 대해 상당히 고액의 자녀수당이 지급된다.

저출산 대책은 왜 실패했는가?

일본의 저출산 대책은 '결혼'이나 '맞벌이', '육아', '교육' 등, 개개의 라이프 이벤트life event마다 따로따로 시행되었다. 그 이벤트만을 중시하는 서구 사회의 젊은이라면 개개의 라이프 이벤트에 대한 지원으로 인생의 다음 단계로 옮겨갈 수 있다.

서구에서는 상대를 찾는 대책이 필요하지 않고, 양립지원을 하면 자녀를 키우면서 일하고 싶어 하는 여성의 출산 의욕이 높아지고, 자녀수당을 늘리면 자녀를 더 가지려고 하는 의욕이 높아진다. 장래의 고등교육비 걱정 때문에 자녀 수를 줄이는 일은 없다.

그러나 일본에서는 장래를 내다보고 중류 생활의 보장이 없으면, '남녀교제' 조차도 시작할 수 없는 젊은이가 있다. 지자체의 결혼 지원으로 상대와 만난다 해도 결혼 후의 생활 보장이 없으면, 좀처럼 결혼까지 나아가지 않는다. 자녀 식비가 충분하지 않기 때문에 낳지 않는다기보다도, 자녀가 자기 방을 갖고 싶다고 말을 꺼냈을 때, 그리고 자녀가 대학에 진학했을 때를 미리 생각해 자녀의 수를 줄이는 것이다.

그러므로 아이가 어릴 때 아동수당만 있어도 아이를 많이 갖는다는 결단을 내리지는 않는다.

즉, 젊은이의 '장래에 중류 생활로부터 전락하는 불안'을 불식하는 것이 가능하지 않으면, 일본에 있어 저출산 대책은 좀처럼 효과가 오르지 않는다. 그리고 이 '중류 전락 불안'은 현재 일본 사회에 특유한 사회의식·관습에서 유래하므로 지금의 경제 상황 그대로라면 저출산에 제동은 걸려도 좀처럼 반전시키는 데까지는 이르지 못한다.

 즉, 현대 일본의 저출산의 근본 원인은 경제 격차가 확대되고 있음에도 불구하고 대다수 일본 젊은이가 '중류의식'을 계속 갖고, '남들만큼의 생활'을 계속하고 싶어 한다는 데 있다. 그렇다면 젊은이의 현재와 미래의 경제 상황, 아니면 중류 생활을 기대하는 의식, 그 어느 한쪽을 크게 바꾸는 정책을 세우지 않으면 저출산은 해소되지 않는다.

덧붙이자면, 여론조사에서 자기를 '중상中上'이나 '상上'이라고 생각하는 비율은 연령대별로 보면 18~28세가 가장 높다. 그리고 '중하中下'나 '하下'라고 답하는 사람의 비율은 연령대가 올라갈수록 높아져 60대, 70대에서 가장 높다(**자료24**).

이것은 젊은이 중에서 수입이 안정된 사람은 결혼하거나 자립해 있고, 한편, 수입이 낮은 독신 젊은이의 상당수는 부모와 함께 살고 있어 중류 생활을 할 수 있기 때문이다.

즉, 젊은이는 현재 '중류의식'을 갖고 있다. 그러나 '중류로부터 전락하고 있는 중장년 사람들'을 목격하고 있다. 그렇게 되지 않기 위해 결혼이나 자녀를 갖는 것에 대해 신중해지는 것이다.

다음 절에서는 경제 상황의 변동이 어떻게 해서 '중류 전락 불안'을 만들어내었고, 또 저출산을 초래했는지 간단히 살펴보겠다.

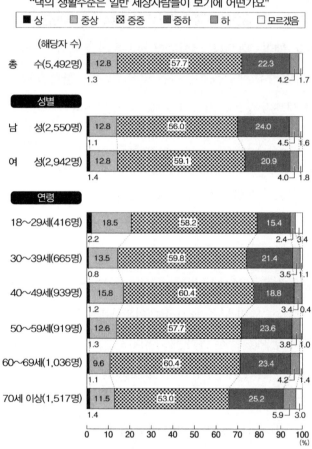

자료24 젊은이의 중류의식

생활 수준에 관한 질문
"댁의 생활수준은 일반 세상사람들이 보기에 어떤가요"

■ 상 ▨ 중상 ▨ 중중 ■ 중하 ▨ 하 □ 모르겠음

(해당자 수)

총 수(5,492명) 12.8 / 57.7 / 22.3 / 1.3 / 4.2 / 1.7

성별

남 성(2,550명) 12.8 / 56.0 / 24.0 / 1.1 / 4.5 / 1.6

여 성(2,942명) 12.8 / 59.1 / 20.9 / 1.4 / 4.0 / 1.8

연령

18~29세(416명) 18.5 / 58.2 / 15.4 / 2.2 / 2.4 / 3.4

30~39세(665명) 13.5 / 59.8 / 21.4 / 0.8 / 3.5 / 1.1

40~49세(939명) 15.8 / 60.4 / 18.8 / 1.2 / 3.4 / 0.4

50~59세(919명) 12.6 / 57.7 / 23.6 / 1.3 / 3.8 / 1.0

60~69세(1,036명) 9.6 / 60.4 / 23.4 / 1.1 / 4.2 / 1.4

70세 이상(1,517명) 11.5 / 53.0 / 25.2 / 1.4 / 5.9 / 3.0

0 10 20 30 40 50 60 70 80 90 100
(%)

출처 : 내각부『레이와(令和) 원년도 국민생활에 관한 여론조사』

오키나와의 출산율이 높은 이유—육아의 기대 수준이 낮다

그런데 또 여담이 되지만, 지금까지 보아온 점을 고려하면 일본의 도도부현都道府県[36] 중에서 오키나와沖縄현의 출산율이 두드러지게 높은 이유를 알 수 있다(**자료25**).

오키나와에서는 친족 사이에 서로 돕는 습관이 강하고 여성이 육아하기 쉬운 환경이라서 출산율이 높다고들 하는데, 이것뿐만은 아닌 것 같다.

오키나와현은 대학진학률과 평균소득이 일본 내에서 최저층에 속한다. 중류계급층이 얇고 비정규직 비율이 높다. 또 이혼율도 두드러지게 높고(**자료27**), 모자母子가정이나 재혼도 많다.

오키나와는 본토에서 공업화가 진행된 고도성장기에 미국의 점령하에 있었기 때문에 종신고용·연공서열로 수입이 안정·증가한 샐러리맨 남성(과 전업주부의 가정)이 일반화되지 않았다.

그 결과, 애초부터 유지해야 할 '남들만큼의 생활 수준' 특히 육아 기대 수준이 높지 않았다. 대학진학률(전문대학 포함)은 늘고 있다고는 하나, 40.19%이다(2019년 문부과학성 조사, 전국 평균 54.67%, 제1위인 교토는 65.87%)(**자료26**).

---

36 [역주] 일본의 광역 자치단체 구분을 도도부현都道府県이라 한다. 맨 앞의 도都는 도쿄도東京都, 그 다음의 도道는 홋카이도北海道, 부府는 교토부京都府, 오사카부大阪府, 그리고 43개 현県이 있다. 오키나와현은 43개 현 가운데 하나이다.

자료25 출산율이 높은 도도부현, 낮은 도도부현

합계출산율(2018년)　전국 1.42　(단위 : 명)

1위	오키나와	1.89	47위	도쿄	1.20
2위	시마네	1.74	46위	홋카이도	1.27
3위	미야자키	1.72	45위	교토	1.29
4위	가고시마	1.70	44위	미야기	1.30
5위	구마모토	1.69	43위	가나가와	1.33

출처 : 후생노동성 『인구동태통계』(2018)에서 발췌

자료26 대학진학률이 높은 도도부현, 낮은 도도부현

대학(전문대학 포함)진학률(2019년)
전국 54.67%(남자 51.63%　여자 57.77%)

1위	교토	65.87%	47위	오키나와	40.19%
2위	도쿄	65.13%	46위	야마구치	43.06%
3위	효고	60.90%	45위	가고시마	43.28%
4위	가나가와	60.70%	44위	돗토리	43.31%
5위	히로시마	60.64%	43위	이와테	43.70%

출처 : 문부과학성 『레이와令和 원년도 학교기본조사』에서 발췌

자료27 이혼율이 높은 도도부현, 낮은 도도부현

인구 1,000명당 이혼율　전국 1.68%

1위	오키나와	2.53%	47위	니이가타	1.26%
2위	후쿠오카	1.91%	46위	아키타	1.27%
3위	홋카이도	1.90%	45위	도야마	1.28%
4위	오사카	1.89%	44위	이시카와	1.30%
4위	미야자키	1.89%	43위	시마네	1.34%

출처 : 후생노동성 『인구동태통계』(2018)에서 발췌

자료28 속도위반 결혼율이 높은 도도부현, 낮은 도도부현

첫 아이가 결혼 전 임신에 의해 태어난 비율

1위	오키나와	42.4%	47위	도쿄	19.5%
2위	사가	37.5%	46위	가나가와	19.5%
3위	후쿠시마	36.7%	45위	교토	21.6%
4위	아오모리	36.2%	44위	시가	21.7%
5위	구마모토	36.0%	43위	아이치	21.8%

출처 : 헤이세이 22년 후생노동성 『인구동태통계특수보고』에서 발췌

자료29 비정규직 기혼자가 많은 오키나와현

기혼자(부부 모두 20~59세)의 남편 직업 비율

	정규직	비정규직	자영업	회사임원	기타
전국 평균	82.9%	1.6%	10.2%	3.4%	1.9%
오키나와	72.8%	3.9%	17.8%	1.5%	4.0%

출처 : 총무성통계국 『전국소비실태조사(2009년)』를 바탕으로 저자가 재집계

그리고 대학의 입학정원도 적고 대졸자가 취직할 곳도 적어서, 오키나와현을 벗어난 다른 지역의 대학에 진학하고, 대학 졸업 후에도 다른 지역에서 취직하는 젊은이가 많다. 현지에 남는 젊은이 가운데는 대학에 진학하지 않는 사람이 다수파라서, 자녀의 진학 비용을 준비하지 않아도 상관없다고 생각하는 젊은이가 많게 된다.

또한 속도위반 결혼(**자료28**), 이혼, 아버지나 어머니 중 어느 한쪽이 없는 세대가 많고, 그 결과 주위 사람의 육아 수준도 높지 않다.

그러므로 자녀 수가 유지되는 것이다.

즉, 자녀를 낳아서 경제적으로 불안정한 가운데서 키우는 일이 드물지 않고, 여성들이 보기에 비정규직 등 수입이 적은 남성과 결혼하는 것이나, 이혼하고 친족에게 의지하는 것이 수치라는 의식이 약한 지역이기 때문이라고 생각된다.

내가 데이터 분석한 여러 현의 부부의 고용 형태 중에서 남편이 비정규직인 비율이 높은 곳이 오키나와현이다(**자료29**). 이것으로도 이러한 고찰은 증명된다.

그렇다고 해서 오키나와의 육아 중인 부부가 행복하지 않다고 말하는 것은 아니다. 오히려 '육아 중압감'과 '체면 중압감'이 없는 만큼 서구처럼 즐겁게 육아할 수 있다는 측면도 있을지 모른다.

(2) 일본의 저출산 진전의 개요

경제발전과 출산율 안정

제2차 대전이 끝난 이후 현대까지 저출산 진전의 개요를 '중류 전락 불안'의 관점에서 간단히 살펴보자(이 논리는 1996년에 저술한 『결혼의 사회학』이나 2007년의 『저출산 사회 일본』에서 말한 것과 다름이 없다. 자세한 것은 졸저를 참조하기 바란다).

경제의 고도성장기(1955년~)부터 1980년대까지는 대부분의 젊은이가 '중류 전락 불안'을 갖지 않았다. 그보다는 중류가 될 수 있다는 기대를 갖고 있었다. 즉, 결혼해 자녀를 두세 명 키워도 장래에는 남들 '이상'의 생활이 가능하다고 생각할 수 있었다. 그렇기 때문에 출산율은 극히 안정되어 있었다.

경제발전은 세대世代 내의 생활 수준 상승만이 아니라 세대世代 간의 생활 수준 상승을 가져왔다. 세대 내의 상승이란 자신의 생활이 나날이 풍족하게 되어간다는 것이다. 세대 간의 상승이란 부모 세대보다도 자식 세대가 더 나은 생활을 한다는 상황이다.

당시의 젊은이는 부모 이상의 생활을 할 수 있다는 전망, 즉 자신이 자란 이상의 경제환경을 자녀에게 줄 수 있다는 전망을 갖는 것이 용이했다. 용이하다기보다도 당연한 것으로 받아들였다.

고도성장기 이전은 대부분의 가족이 농가 등 자영업이었고, 전쟁 전의 대부분의 농가는 빠듯한 생활을 하는 소작농이었다. 부모가 그다지 풍족하지 않은 가운데 자라났기 때문에, 장래에는 부모보다 풍족한 생활을 할 수 있는 것은 틀림없었다.

그 전제로서 남성이 벌어들인 수입이 안정되어 있던 것이 가장 크다. 산업이 발전하고 노동력 수요가 왕성하여 젊은 남성이 피고용자라면 정사원(공무원 포함)이 쉽게 될 수 있었다. 회사의 정사원이라면 종신고용이 보장되었다.

또 농가 등 전통적 자영업도 정부의 규제 등에 의해 보호되고 있어, 자영업 종사자도 장래에도 안정된 수입을 얻는 것을 기대할 수 있었다.

또한 노동력 수요가 많았기 때문에 어떤 형태로 실직하든 남성이라면 정사원으로 재취업이 용이했다.

그래서 여성은 결혼하면 장래에 풍족한 생활을 하고, 무엇보다도 자신의 자녀를 자신이 자란 이상의 환경에서 키울 수 있다는 확실한 기대를 가질 수 있었다.

그래서 이때 "모든 사람이 풍족한 중류 생활을 할 수 있다"라는 기대가 형성되었다. 자신을 '중'으로 생각하는 사람의 비율은 계속 늘었다. 지금 당장은 그다지 풍족하지 않아도 결혼해서 자녀를 키우는 동안에 풍족한 생활을 형성할 수 있다고 생각했기 때문이다.

또한 자기 아이는 자기 이상의 교육을 받고 결혼해서 풍족한 생활을 보낼 수 있다는 기대도 가질 수 있었다.

즉, "자식을 고생시키기는"커녕, "자기가 아이였던 때에 비해 자식에게 더 나은 환경을 마련해 줄 수 있다"고 생각하면서 육아를 할 수 있었다.

버블 시대에 시작된 미혼율 상승, 출산율 하락

고도성장기는 1973년의 이른바 '오일쇼크'로 끝나지만, 1979년의 제2차 오일쇼크를 극복한 1980년대 후반의 버블 시대에는 미혼율이 상승하고 출산율의 저하가 서서히 시작되었다.

그 원인은 '중류 전락 불안'이라기보다도 중류 생활이 일본에 널리 보급되어 "결혼 후에 결혼 전보다 풍요로운 생활을 하게 될 전망이 서서히 사라진" 데 있었다.

이 시기에는 결혼 전에 이미 풍족한 생활을 하는 젊은이가 증가했다.

일본은 서구와 달리, 특별한 이유가 없으면 학교 졸업 후에도 부모 곁에 머무르는 미혼자가 대다수이다. 고도성장기에는 형제 수가 많았고 부모도 풍족하지는 않았다. 그러나 1980년 무렵부터 전후 샐러리맨으로 중류 생활을 만들어낸 부모 밑에서 자란, 즉 중류 생활을 당연하다고 생각하는 젊은이가 성장해 왔다.

그들은 부모와 함께 살고 있으면 풍족한 생활을 누릴 수 있다. 나는 그들을 '패러사이트 싱글'이라고 명명했다(야마다 마사히로山田昌弘 일본경제신문 1997년 2월 8일 석간).

또한 당시는 남성의 대부분이 정규직이었지만, 저성장에 의해 장래 수입이 많이 늘어나는 것은 기대할 수 없게 되었다. 또한 경제 규제 완화가 시작되어 영세자영업 등에 대한 정부의 보호가 서서히 없어져 갔다.

그래서 결혼 후에 생활 수준이 떨어져 버리는 경험을 피하려고 결혼을 늦추려는 경향이 높아지고, 완만한 미혼화가 시작되었다.

이 시기는 '중류 전락 불안'이라기보다는 중류 이상의 더 풍족한 생활을 목표로 하여 결혼, 출산을 미루는 경향이 강했다고 판단한다.

격차사회의 진전과 '중류 전락 불안'

그러나 헤이세이에 들어서자마자 곧 버블이 붕괴했다. 이후 젊은 이들 사이에서 '중류 전락 불안'이 서서히 강해진다. 그 배경에는 잃어버린 25년이라고도 할 수 있는, 버블 붕괴 후의 일본의 경제 정체, 그리고 '격차사회'의 진전이 있다(이것에 관해 상세한 것은 졸저 『희망 격차사회』를 참조하기 바란다).

1985년 이후, 경제성장이 다소 회복되었지만, 버블경제의 붕괴(1992년 무렵) 때문에 일본경제는 정체기에 들어간다. 그리고 1997년에 아시아 금융위기가 발생하고, 2008년에 글로벌 금융위기로 이어진다. 다소의 경기변동은 있었다 해도 경제성장률은 거의 제로에 가까운 수준에서 변동해 왔다. 그런 가운데 고령화가 진행되어 생산연령인구가 계속 감소한다.

이 시기에 일본 가족에게 일어난 일을 총괄하면, '중류 생활을 형성할 전망'이 보이지 않는 젊은이가 늘어났다는 것이다. 그러나 부모와의 동거 관습 덕분에 현실에서는 중류 생활을 누릴 수 있는 젊은이가 다수파이다. 바로 앞의 **자료24**에서 본 것처럼 자신을 '중' 이상이라고 생각하는 젊은이는 다른 세대에 비해 압도적으로 많다.

1990년대부터 일본경제는 큰 구조 전환의 시기를 맞았다. 글로벌화나 서비스 산업화, **IT**화 등이 진전되어 '글로벌하게 일하는 생산성 높은 노동자'가 늘어나는 한편, '생산성이 오르지 않는 단순노동자, 서비스노동자'의 수요가 늘어, 노동환경의 양극화가 진행된다.

거기에 수반해 다양한 경제 규제완화가 진전되어 파견 사원 등의 비정규직 사원이 증대하고 영세자영업에 대한 보호가 약화된다.

그러나 종신고용, 연공서열의 노동관행은 변하지 않았으므로 늘어나는 비정규 노동에 대한 수요는 청년이 떠맡게 된다. 또 수입이 적은 정사원도 늘어난다.

여기서 두 가지의 격차가 생긴다.

첫 번째는 청년의 부모 세대와 청년 세대의 격차이다. 청년의 부모 세대(1960년대 이전 출생)의 대부분은 주택 등의 자산을 만들고, 남성은 종신고용으로 보호되고, 연공서열임금 덕분에 비교적 급여는 높고 연금도 지금으로서는 충분하다.

한편, 청년 세대(1970년대 이후 출생)는 대졸 신입사원의 정사원 채용이 억제되고, 연공서열 임금에 의한 수입증대 곡선도 완만하게 된다.

즉, 평균적으로 보아 1990년대 이후는, 청년의 부모의 경제 상황은 좋은 데 반해, 청년은 장래 직면할 경제 상황이 악화하고 있다.

그리고 두 번째 격차로서, 새롭게 청년들끼리 격차가 생기고 있다. 그중 가장 두드러진 것이 정규직과 비정규직의 격차이다.

정규직(정규 공무원 포함)이면 고용이 보장되고, 사회보장에서도 우대를 받는다(혼자 벌면 사회보험료 면제 등이 있고, 맞벌이하면 육아휴직이 있다).

한편, 비정규직이면 수입은 상대적으로 낮고, 고용은 보장되지 않고, 사회보장에서 우대조치는 적다. 또 자영업에서도 영세자영업의 사업 계속이 어렵게 된다. 즉, 부모 세대에서는 보호되었던 것이 그 후계 세대가 되면 보호가 없어진다.

이 두 가지 격차가 지금 젊은이의 '중류 전락 불안'을 만들어내고 저출산을 초래하고 있다.

결혼, 출산을 피하는 층이란 누구인가?

거침없이 결혼이나 출산을 유보하는 젊은이, 즉 '중류 전락 불안'을 가진 층은 다음과 같은 층이다.

"부모가 비교적 풍족한 생활 수준을 유지하고 있는데", "자신이 장래 이룰 수 있는 생활은 부모의 수준에 도달할 전망이 없는" 젊은이들.

왜냐하면, 그들이야말로 "자기 자식을 고생시킬 가능성"에 노출되어 있기 때문이다.

부모와의 관계에서 본 젊은이의 상황을 **자료30**과 같이 네 가지 타입으로 구분해 본다.

타입 ① 부모의 생활이 풍족하고 자신도 장래에 결혼해서 자녀를 가져도 부모 이상의 생활 수준을 유지할 수 있는 젊은이는 "자식을 고생시킬 리스크가 적다"고 생각하므로, 결혼해 자녀를 두세 명 낳아 키울 수 있을 것이다.

기본적으로는 안정된 기업의 정규직이나 공무원, 전문직 등이며 수입이 평생 안정되어 있다고 생각되는 남성, 그리고 그들과 결혼한

자료30 부모와의 관계에서 본 젊은이의 상황, 4개 유형

	부모의 생활 수준	젊은이가 장래 중류 이상의 생활을 할 전망
타입 ①	중류 이상	있음
타입 ②	중류 이상	없음
타입 ③	어려움	있음
타입 ④	어려움	없음

여성이다(여성이 정규직이면 더욱더 불안은 적다). 물론 남녀가 반대인 유형도 있지만, 그 수는 적다.

다만 이 타입의 젊은이는 1990년대 이후 서서히 감소하고 있다. 그것은 청년 정규직 사원 비율의 감소, 그리고 1997년의 아시아 금융위기, 2008년의 글로벌 금융위기와 같이 대기업조차도 도산할 가능성이 있다는 불안 의식이 높아진 것도 하나의 원인이다. 그렇기 때문에 여성은 더욱 안정된 직업의 남성을 배우자로 구하게 되는 것이다.

그리고 이 경향은 최근 더 강해지고는 있어도, 약해지지 않고 있는 것은 제4장에서 말한 바와 같다.

타입 ② 부모의 생활 수준이 높지만, 장래에 부모 이상의 생활 수준에 도달할 가망이 없는 젊은이는 결혼이나 출산을 쉽게 하려 하지 않는다. 부모와 함께 사는 비정규직이나 수입이 불안정한 미혼자, 독신생활로 빠듯하게 생활하고 있는 사람들도 포함한다.

기혼자라면 배우자가 있어도 장래의 수입 면에서 불안이 있고 자녀를 충분한(즉, 자신이 자란 이상의) 경제환경에서 키우는 것이 어려운 사람들로, 그들은 결국 '자식을 고생시킬' 리스크를 피하려고 자녀 수를 이상理想보다 적게 한다.

남성이라면 자신의 수입으로는 결혼하거나 자녀를 만드는 순간, 부모 이하의 생활 수준으로 떨어지는 것이 눈에 보이기 때문에 결혼이나 자녀를 키우는 것을 삼간다. 여성이라면 수입이 안정된 남성을 찾지 못하기 때문에 결혼할 수 없다.

젊은이 중에서 그들이 차지하는 비율이 증대하고 있는 것이 거시적으로 말하면 저출산의 원인이다.

타입 ③ 부모의 생활은 그다지 풍족하지 않지만, 자신의 장래 생활은 중류가 될 수 있다는 기대가 있는 타입은 고도성장기에 일반적이었다. 그래서 고도성장기에는 결혼을 일찍 하고, 출산 의욕도 왕성했다. 이 타입에 속하는 젊은이는 일본 사회가 중류화하는 1980년 무렵에는 거의 사라지고 말았다.

타입 ④ 부모의 생활이 풍족하지 않은 젊은이는 애초부터 결혼생활이나 육아에 높은 수준을 요구하지 않는다. 부모와 함께 사는 이점이 없어 동거, 결혼의 장벽은 낮다. 그래서 장래 중류 생활이 될 전망을 가질 수 없어도 자녀는 태어난다. 자신이 자라온 생활 수준이 낮아서 "자식을 고생시킨다"는 의식을 갖지 않아도 되기 때문이다.

이 장의 1절의 여담 가운데 언급한 것처럼, 이것이 오키나와의 젊은이에서 흔히 볼 수 있는 상황이라고 생각된다.

다만 일본 사회 전체로 보면 지금(2020년) 젊은이의 50대, 60대의 부모, 즉 1950~70년생인 부모 세대의 생활 수준은 그다지 나쁘지 않다. 즉 남성 회사원의 종신고용, 연공서열이 비교적 유지된 최후의 세대에 해당한다. 그러므로 타입 ④의 젊은이는 지금은 그다지 많지 않다.

그러나 앞으로 격차사회가 진전되고 그다지 풍족하지 않은 50대, 60대의 부모가 늘어나면 이 층의 젊은이가 늘어날 가능성이 있다. 다만 수입이 불안정한 남성은 미혼자가 많아 자녀를 만들지 않으므로 역시 이 층은 그다지 많이 늘지는 않을 것으로 예측할 수 있다.

(3) 유효한 저출산 대책이란?

저출산 대책은 시행해야 하는 것인가?

"부모가 비교적 풍족한 생활 수준을 유지하고 있는데", "자신이 장래에 이룰 생활은 부모의 수준에도 도달하지 않는다"고 생각하는 젊은이들, 즉 앞에서 본 타입 ②의 젊은이들의 증대가 저출산화를 초래하고 있다.

만약 출산율을 올리는 대책을 취하고 싶다면, 이 층에 손을 쓰는 것이 일본의 저출산 대책의 중심이어야 한다.

다만 이것에는 다른 입장으로부터 두 종류의 반론이 있을 수 있다.

즉, 출산율을 올리는 정책을 "시행해서는 안 된다"라는 반론, 또 하나는 저출산 대책을 "시행할 필요가 없다"라는 반론이다.

우선 저출산 정책을 "시행해서는 안 된다"는 의견의 이유를 보자.

한편에는 결혼, 출산은 개인적인 일이라서 국가가 개입할 것이 아니라는 '반국가주의'적 이데올로기에 입각한 사고방식에서 오는 것이 있다.

또 하나는 개인을 위해 나라가 돈을 들여서는 안 된다, 출산을 장려하기 위해 돈을 쓸 정도라면 이민을 적극적으로 도입해야 한다는 의견이다.

정치적으론 극과 극에 있는 듯이 보이는 입장의 사람이 같은 결론에 도달하고 있는 것은 매우 흥미롭다.

다만 현실에는 "결혼하고 싶다, 아이를 낳아 키우고 싶다"는 젊은 이가 압도적으로 많다. 그들의 희망을 이루어 주는 것이 동시에 지속가능한 사회를 만드는 것이라면 이것을 정부나 사회가 밀어주는 것이 필요하다고 나는 생각한다.

예를 들면, 나는 '전국 지역 결혼 지원센터'의 이사로서 혼활 지원 활동도 하고 있지만, 활동하는 가운데, "혼활이란 말이 없으면 결혼할 수 없었다", "공적인 결혼 지원 서비스 덕분에 결혼할 수 있었다"는 생생한 목소리를 들을 때마다, 공적인 결혼 지원, 출산 지원은 필요하다는 생각을 강하게 하고 있다.

또, 물론 결혼하고 싶어도 할 수 없다, 아이를 갖고 싶어도 가질 수 없다는 것은 '자기책임'이기 때문에 지원을 '할 필요가 없다'라는 자유주의적인 사고방식도 있지만 나는 그 입장을 취하지 않는다. 사회 속에서 "친밀한 상대를 얻는다, 아이를 가진다"고 하는 것은 인간에 있어 기본적인 욕구라고 생각된다. 이 욕구를 충족시키기가 어려운 사람에게 사회적 지원을 하는 것은 일이 없는 사람에게 취업 지원을 하는 것과 마찬가지로 필요하다고 생각한다.

바람직하지 않은 시나리오

또 하나, 바람직하지 않은 시나리오가 있다. "이대로 두면 출산율은 회복한다"는 것이다. 이것은 앞의 **자료30**의 타입 ④의 젊은이, 즉 부모의 생활이 풍요롭지 않기 때문에 자신도 풍요롭지 않은 결혼생활, 육아생활이라도 상관없다는 층이 늘어난다는 시나리오이다.

즉, 격차사회가 진전되어 격차가 청년뿐 아니라 중장년에까지 이르게 되면 하시모토 켄지橋本健二 와세다 대학교수가 말하는 것과 같은 '신계급사회', 즉 풍족한 부모에게서 태어난 젊은이는 풍족한 생활을 기대할 수 있기 때문에 결혼해 자녀를 가진다, 그리고 풍족하지 않은 부모의 자녀는 풍족한 생활을 이룰 수는 없지만, 결혼생활이나 육아에 기대하는 수준이 낮아 결혼, 혹은 동거하고 자녀를 갖는다. 사회가 분단되어 중류의 사람은 중류의 사람과 결혼하고 하층의 사람은 하층끼리 결혼한다. 일본 사회 전체가 도표에서 말하는 타입 ①과 타입 ④의 젊은이로 갈라져 간다. 이른바 저출산이 발생하지 않고 있는 미국적 상황이 생겨날 가능성이 있다.

즉, 현재는 부모 세대가 중류층이지만 자녀 세대가 한창 계급 분해하고 있는 중이기 때문에 저출산이 일어나고 있는데, 계급사회가 완성되면 저출산은 해소된다는 논리이다.

장래의 일본이 이처럼 분단된 사회가 되지 않도록 저출산 대책을 추진해야 한다는 것이 나의 입장이다.

저출산 대책의 두 가지 방책

일본에서의 저출산 대책이 그 중심이 되어야 할 젊은이들, 즉 "부모가 비교적 풍족한 생활 수준을 유지하고 있는데", "자신이 장래 이룰 수 있는 생활은 부모의 수준에도 도달하지 않는다"라고 생각하는 젊은이들에게 행동을 촉구하려면, 두 가지 방책이 있다.

① 결혼해 자녀를 두세 명 키워도 부모와 같은 생활 수준(육아 수준을 포함한다)을 유지할 수 있다는 기대를 갖게 한다.
② 부모와 같은 생활 수준에 도달하는 것을 포기하게 하고 결혼, 육아 쪽을 우선시하도록 한다.

전자는 경제 상황, 계층의 존재양상을 크게 바꾸는 것이다. 후자는 젊은이의 의식이라기보다 일본인이 많이 가진, '리스크 회피 의식', '체면 의식'을 바꾸는 것이다.

나는 어느 쪽의 대책도 필요하다고 생각하지만, 양쪽 다 간단하게 되는 것은 아니다.

모든 젊은이에게 10년 후, 20년 후, 30년 후 남들만큼의 생활을 보장할 수 있는가?

젊은이 사이에서 장래의 생활에 대한 격차가 생기는 것이 저출산의 제1의 원인이라면 이것을 반전시킬 필요가 있다. 즉, **모든 젊은이가 키우고 있는 아이에게 고생을 시키지 않아도 되는 전망을 갖게 할 수 있는 사회로 만들어야 한다.**

아베 내각이 '모든 세대형 사회보장'을 외치고 있다. 이것이 지향하는 것이 모든 세대의 사람에게 남들만큼의 생활을 보장한다는 정책이라 하자. 이것이 저출산 대책에 있어 유효하게 되려면, **지금의 젊은이가 10년 후 결혼해서 육아하고 있을 때, 20년 후 자녀가 대학에 진학하게 되었을 때, 그리고 30년 후 고령자가 되었을 때, 남들만큼의 생활을 할 수 있다는 기대를 갖게 해야 한다.**

젊은이는 윗세대를 보고 있다. 10년 전에 비정규직이 되었던 젊은이, 불안정한 가운데 육아하는 중년 세대, 그리고 빈곤하게 되는 고령자를 보고 있다. 젊은이 자신은 그렇게 되지 않기 위해 결혼이나 출산에 대해 신중해지고 있다.

일에 있어 새로 시작할 수 있고, 불리하지 않은 직업환경, 맞벌이 하기 쉬운 사회환경, 유사시에는 사회보장으로 자립을 향한 재출발을 할 수 있는 사회—그것은 '자식을 고생시키지 않아도 되는' 생활수준이어야 한다.

리스크 회피 의식, 체면 중시는 바뀌는가?—젊은이에게서 보이는 새로운 경향

사람들의 사회의식을 바꾸는 것은 사회제도를 바꾸는 것 이상으로 어렵다. "위험을 감수하라", "체면 따위는 생각하지 마라"라고 아무리 말해도 무리이다.

다만 그러한 방향으로 움직이는 싹은 나오고 있다고 생각한다.

나는 어느 지방자치단체의 결혼 서비스로 결혼한 커플을 대상으로 인터뷰 조사를 했다(미혼화 사회에 있어『결혼 지원활동』의 실증연구).

그때 이른바 '덕후'[37]끼리의 결혼이 많아서 놀란 적이 있다. 그것도 같은 취미가 아니라 예를 들면, 남성은 '아이돌 팬', 여성은 '디즈니 팬'이라는 조합이다.

그들은 첫 대면에서 서로의 취미 이야기를 몇 시간이나 나누며 한

---

37 [역주] 덕후는 일본어 오타쿠御宅를 한국식 발음으로 바꿔 부르는 '오덕후'의 줄임말로, 현재는 어떤 분야에 몰두해 전문가 이상의 열정과 흥미를 느끼고 있는 사람이라는 긍정적인 의미로 사용된다.

껏 들떴다는 것이다. 지방이라 남성도 계약사원이나 요양보호사 등의 직업에 종사하는 사람이 많아 수입이 충분하지 않지만, 남녀 두 사람의 수입을 합하면 생활비가 싸서 보통으로 생활할 수 있다고 이야기했다.

스스로 "이것이 있으면 행복하다"는 것을 갖고, 서로 그것을 이해하고 있으면 다른 사람의 눈을 의식하지 않고 즐거운 결혼생활을 할 수 있다. 자녀를 두 사람 중 어느 쪽의 취미에 더 흥미를 느끼도록 할 것인가 하는 즐거운 경쟁이 나중에 일어날 것 같지만……(공저共著로, 『덕후는 일본 사회를 구한다』는 내용의 저작을 계획 중이다) (주오中央대학이 모델인 캠퍼스를 무대로 한 만화 겐시켄[고단사講談社]에서도 게임 덕후인 남성과 여성 덕후[소년 동성애 애니메이션을 좋아하는 여자]가 커플이 된다는 설정이 있었다).

다이빙을 좋아하는 어느 커플이 결혼해서 함께 정규직을 그만두기까지 하며 외딴 섬으로 이주하는 결단을 한 사례도 있다. 또 인구과소人口過少지역 지원활동 중에, 육아하기 쉽다고 자녀만 데리고 외딴 섬으로 이사해온 홀어머니 여성에게 사연을 물어본 적도 있다. 인구과소의 정도가 한계에 도달하면, 인구과소 지역의 사람들도 "우리가 체면 따위를 말하고 있을 형편이 아니다, 홀어머니라도 대환영이다"라는 것인지도 모르겠다.

이처럼 체면에 신경 쓰지 않고 가족을 형성해 자기들 나름의 행복을 추구하려는 젊은이도 나타나고 있다. 이러한 젊은이들이 살기 쉽도록 나라나 지자체가 그들에 대한 생활 지원을 하는 것도 필요하다고 생각한다.

이러한 젊은이가 늘어나서 일정한 비율이 되면 체면 의식도 변화하고 저출산이 반전되어 갈 가능성도 있다.

앞으로 이러한 두 가지 대책이 마련되기를 바란다.

저자 후기 ― '신형 코로나바이러스 이후'의 가족

신형 코로나바이러스의 확산으로 긴급사태 선언이 나오고 있는 가운데, 후기를 쓰고 있습니다.

4월 중반의 시점에서 이 사태가 어디까지 심각해지고 사회에 어떤 영향을 줄지 아직 분명하지는 않습니다만, 가족사회학자로서 몇 가지 논평을 요구받은 적이 있습니다(아사히신문 2020년 4월 14일 석간 등).

동일본 대재난 때는, 그 직후 약혼반지가 많이 팔렸다든가 결혼 정보 서비스업체에 등록자가 늘었다는 보도가 있었습니다. 독신으로 남는 리스크를 뼈저리게 알았기 때문에 결혼 상대를 빨리 확보하고 싶다는 생각 때문일 것이라고 해석되었습니다.

반대로, 유사시 자기를 조금도 걱정해주지 않았다는 이유로 이혼이 늘어나는 것은 아닌가 하는 의견도 언론에서 이야기되었습니다.

현실은 어떻게 되었을까요?

결혼 수는 2010년 70만 214쌍이었던 것이 2011년 66만 1,895쌍으로 오히려 감소하였습니다. 이혼 수도 2010년 25만 1,378쌍에서 2011년 23만 5,719쌍으로 이것도 줄었습니다(결혼은 2012년에는 66만 8,869쌍으로 다소 늘었습니다만, 2011년에 많이 감소한 데 대한 반동이라고 생각됩니다).

결혼하고 싶다는 생각이 있어도 금방 가능한 것은 아니고(약혼반지는 금방 살 수 있고 결혼 서비스업체에도 등록은 금방 할 수 있습니다만), 상대가 미덥지 못하다고 당장 이혼할 수 있는 것도 아니겠죠. 애초부터 일본에서는 상대가 있으면 결혼하고 싶다고 생각하는 독신자가 다수파이고, 경제적으로 헤쳐나갈 수 있다면 이혼하고 싶다고 생각하고 있는 가정 내 이혼상태의 부부도 많아서 재난이 그 경향을 촉진했다 해도, 수치상으로는 그다지 영향이 없었다고 결론지을 수 있습니다.

그러면 이번 코로나 문제의 경우는 어떻게 될까요?

이것도 단기적으로는 다양한 영향이 있다고 이야기되고 있습니다. 독신으로 있는 불안에서 결혼 정보 서비스업체에 등록하는 사람이 늘어나고 있다고 말하는 업자도 있습니다. 한편, 3월 상순에 어느 공공 결혼 지원 서비스단체에 물어보니, 맞선 파티는 모두 중지되었고, 일대일의 맞선도 상대를 찾아 메일 등으로 연락은 할 수 있지만 실제로 만나는 것은 금지하고 있다는 것이었습니다. 결혼피로연 취소가 이어지고 있다는 보도도 있었습니다. 밀착 접촉을 삼간다는 방역대책의 취지를 지키면, 만나서 연애관계가 되는 젊은이가 줄어들게 되니까 올해부터 내년에 걸쳐 결혼 수는 적어질 것 같습니다.

또 서구에서는 외출 금지로 부부가 집에 내내 같이 있게 되면서 스트레스가 쌓여 가정폭력이 늘어난다는 보도도 있습니다. 일본에서는 '코로나 이혼'이라는 말도 생겼습니다(앞에서 말한 아사히 신문 참조).

일본에서 어느 정도의 영향이 있는지는 알 수 없습니다만, 부부가 오랜 시간 함께 있음으로써 오히려 부부의 가치관 불일치가 분명하게 드러나는 영향이 나올 가능성은 있습니다. 일본에서는 원래 따로 행동하는 유형의 부부가 많고, 이 책의 마지막 장의 끝에 쓴 것처럼 부부 공통의 취미를 갖고, 서로의 취미를 존중하는 부부가 늘고는 있지만, 커뮤니케이션이 긴밀하다는 부부는 적습니다.

또 결혼은 했어도, 남성은 카바레 등에서 푸념하기도 하고, 여성은 친구나 모친에게 푸념하며 부부관계를 유지한다는 경향도 보입니다. 가족 이외의 친한 사람과의 접촉이 없게 되면 부부가 푸념할 기회가 없어지고 스트레스가 쌓여가는 경우가 늘어가겠죠.

또 임신하고 있는데 감염은 괜찮을지 등의 문의가 많다고 합니다.

코로나의 영향이 줄어들 때까지 임신을 삼간다는 부부가 늘어날 가능성이 있습니다. 다만 이 영향을 알 수 있는 것은 10개월 이후이겠습니다만.

한편, 늘 집에 있게 되어 성관계를 갖는 부부가 늘어나기 때문에 임신이 늘어난다는 의견도 있습니다. 2021년 1월, 2월이 출생아 수가 늘어날지 감소할지 주목해보고 싶습니다.

그 이상으로 결혼, 출산에 주는 장기적인 영향이 걱정입니다.

이 책에도 쓴 것처럼, 평생에 걸친 '리스크를 피한다'는 관점에서는 이 신형 코로나바이러스는 다양한 장래 불안을 부각하고 있습니다. 공무원이나 대기업에 근무하는 사람은 원격근무가 되어도 수입이 감소하는 일은 적겠죠. 한편, 비정규직이나 프리랜서, 자영업자 중에는 수입에 대한 장래 전망이 서지 않게 되는 사람이 늘고 있습니다.

가령, 이 혼란이 단기간에 끝나도 (나는 이것을 간절히 바라고 있습니다만), 역시 공무원이나 대기업 근무자와 결혼하는 쪽이 안심이라는 미혼여성이 늘어나지 않을까 싶습니다. 그러면 결혼생활을 시작하려는 사람이 점점 더 적어져 버립니다.

적어도 이 혼란에서 배워 어떤 가족 형태이든, 어떤 일에 종사하든, 앞으로 남들만큼의 생활이 보장되는 사회가 되기를 바라고 있습니다.

이 책이 나오기까지는 여러분들에게 신세를 졌습니다. 힘든 시기에 방대한 작업을 해 주신 편집 담당 초치草薙 씨에게는 정말 감사드립니다.

또 후생노동성(구 후생성), 내각부(구 경제기획청), 문부과학성(구 문부성), 도쿄도 등의 직원 여러분은 심의회나 연구회 등에서 발언의 기회를 주시고, 실태조사에 참여할 수 있게 해 주셨을 뿐 아니라 다양한 자료를 제공해 주셨습니다. 본문 중에서 비판을 하기도 하였습니다만, 일본 사회를 살기 좋은 사회로 만들려는 노력에는 머리가 숙여집니다. 지면을 빌려 감사드립니다.

2020년 4월 17일 (나가노현에서)
야마다 마사히로

옮긴이의 말

2020년 우리나라의 합계출산율은 0.84명을 기록했다. 한 나라의 인구를 현상 유지할 수 있는 수준인 합계출산율 2.1명의 40%에 불과하다. 이대로 가면 80년 후인 2100년에는 인구가 절반으로 줄어들 전망이다.

1984년 합계출산율이 1.74명으로 떨어지고 20년이 지난 2000년대 초반에는 1.0명 선 이하로 떨어질 지경에 이르자 우리 정부도 저출산·고령화의 심각성을 깨닫고, 2005년 '저출산·고령사회 기본법'을 제정하였다. 이를 토대로 5년마다 범국가적 중장기 계획인 저출산·고령사회 기본계획을 수립하여 저출산 대응 정책을 추진해 왔다. 그러나 지난 16년간 막대한 자금을 쏟아부었지만, 합계출산율은 2018년, 0.98명으로 1명 이하로 떨어졌다. 이후에도 계속 하락해 이젠 세계 최저 수준인 0.84명을 기록한 것이다.

그 원인은 무엇인가? 우리보다 훨씬 앞서 저출산 고령화가 시작된 일본은 어떻게 하고 있을까? 1970년 우리는 합계출산율이 4.53명이었을 때 일본은 이미 2.13명이었고, 그 이후 계속 떨어졌지만, 그래도 2020년에는 우리보다는 높은 1.34명을 기록하였다.

1989년 합계출산율이 1.57명으로 떨어지자 일본 정부는 부랴부랴 1992년부터 저출산 대책 수립에 나섰다. 저출산 대책에 성공했다고 생각되는 스웨덴, 프랑스, 네덜란드를 모델로 삼아 대책을 수립하고 시행해 왔다. 하지만 합계출산율은 계속 떨어져 2005년 1.26명으로 최저를 기록하고, 2006년부터 소폭 상승하다가 2019년부터 다시 떨어지기 시작하여 2020년에는 1.34명을 기록했다. 성공한 유럽 국가들을 벤치마킹하여 세운 대책에도 불구하고 왜 소기의 성과를 거두지 못했을까?

이 책의 저자 야마다 마사히로 교수는 그 원인으로 일본이 유럽 국가와 사회적, 문화적으로 크게 다르고, 또 사람들의 가치관이 다름에도 불구하고 이런 점을 고려하지 못했다고 지적한다. 즉, 유럽에서 적용되는 여러 가지 전제가 일본에도 그대로 통용되리라고 생각하고 유럽의 대책을 일본에 그대로 적용한 데서 첫 출발이 잘못되었다고 주장하고 있다. 그리고 일본 사회 특유의 리스크 회피 의식이나 체면 의식 같은 것을 제대로 반영하지 못했다고 주장한다.

결론적으로 저자는 앞으로의 과제로서, 젊은이들이 원하는 중류 생활이 가능하도록 경제체제를 개혁하는 일, 그리고 변화된 환경에 따라 삶의 기준에 대한 가치관을 변화시키는 일이 필요하다고 말한다. 물론 두 가지 모두 쉽지 않다는 것을 저자는 잘 알고 있다. 하지만 미래 세대를 위해 해결해야만 하는 일이라는 것을 저자는 적시하고 있다.

저자의 분석은 우리에게 많은 시사점을 던져 준다. 역자가 처음 「일본의 저출산 대책은 왜 실패했는가?」를 읽었을 때, 「한국의 저출산 대책은 왜 실패했는가?」로 바꿔 놓아도 크게 문제가 없겠다고 느낄 정도로 저자의 주장에 공감하였다. 그래서 우리나라의 저출산 대책에 관여하고 있거나 관심 있는 분들에게 알리고 싶다는 마음에서 번역을 결심하였다. 물론 일본보다 저출산 문제가 더 심각한 우리나라는 일본과 유사한 측면에 더해 우리 사회의 특유한 사회관습과 의식을 고려할 필요가 있을 것이다.

출산율이 바닥을 모르고 계속 하락하고 있는 지금, 저출산의 근본 원인에 대한 진정한 성찰과 미래의 인구감소사회에 대한 깊은 통찰에 입각한 대담한 개혁이 필요한 시점이라고 생각된다.

아무쪼록 이 책이 저출산 과제를 해결하고자 노력하는 분들에게 조금이나마 참고가 되었으면 하는 바람이다.

끝으로 이 책의 출판을 위해 도움을 주신 분들에게 감사의 말씀을 드리고 싶다. 박덕제 교수님은 이 책의 출판을 격려해주시고 이끌어 주셨다. 함께 앙코르 커리어 활동을 하는 김경철, 최원국, 홍혜련, 홍현숙 네 분은 자기 일처럼 정성을 기울여 교정 작업을 해 주셨다. 방송통신대학의 일본어 동아리 이키이키의 장성주 전임 회장님은 제가 모르는 부분에 대해 늘 명쾌한 답을 주셨다. 며느리 박은혜와 딸 김지윤은 젊은 세대의 사용언어에 대해 조언을 해 주었다. 번역을 허락해주신 신원 에이전시 관계자 여러분께 감사드린다. 그리고 출판을 쾌히 맡아 주신 제이엔씨의 윤석현 대표님과 편집을 책임져 주신 최인노 과장님을 비롯한 편집진 여러분께도 감사 말씀을 드린다.

주요 참고문헌

赤川学『子どもが減って何が悪いか！』ちくま新書、2004年

赤川学『これが答えだ！ 少子化問題』ちくま新書、2017年

石井まこと、宮本みち子、阿部誠編『地方に生きる若者たち――インタビューから
みえてくる仕事・結婚・暮らしの未来』旬報社、2017年

井上章一『京都ぎらい』朝日新書、2015年

ウルリヒ・ベック著、東廉・伊藤美登里訳『危険社会――新しい近代への道』法政
大学出版局、1998年

NHK放送文化研究所『ＮＨＫ中学生・高校生の生活と意識調査2012』NHK出
版、2013年

木尾士目『げんしけん』講談社、2002～2006年

吉川徹『日本の分断――切り離される非大卒若者たち』光文社新書、2018年

経済企画庁『平成4年版 国民生活白書 少子社会の到来、その影響と対応』1992年

厚生労働省『平成30年人口動態統計』2018年

国立社会保障・人口問題研究所『第15回出生動向基本調査』2015年

小山静子・小玉亮子共編『子どもと教育――近代家族というアリーナ』日本経済評
論社、2018年

齋藤直子『結婚差別の社会学』勁草書房、2017年

内閣府『男女共同参画社会に関する世論調査』2016年、2019年

内閣府経済社会総合研究所『日本・スウェーデン家庭生活調査研究会報告書 No11』
2004年

内閣府政策統括官『平成22年度結婚・家族形成に関する調査 報告書』2011年3月

内閣府政策統括官『少子化社会に関する国際意識調査 報告書』2013年3月

内閣府政策統括官『平成26年度結婚・家族形成に関する意識調査 報告書』2015年
　　3月
中根千枝『タテ社会と現代日本』講談社現代新書、2019年
中野円佳『「育休世代」のジレンマ——女性活用はなぜ失敗するのか?』光文社新
　　書、2014年
永田夏来『生涯未婚時代』イースト新書、2017年
キャサリン・S．ニューマン著、萩原久美子・桑島薫訳『親元暮らしという戦略—
　　—アコーディオン・ファミリーの時代』岩波書店、2013年
福沢諭吉『新訂　福翁自伝』岩波文庫、1978年
明治安田生活福祉研究所『第6回結婚・出産に関する調査』2010年
明治安田生活福祉研究所『生活福祉研究74号』2010年
山田昌弘『結婚の社会学——未婚化・晩婚化はつづくのか』丸善ライブラリー、
　　1996年
山田昌弘『パラサイト・シングルの時代』ちくま新書、1999年
山田昌弘『希望格差社会——「負け組」の絶望感が日本を引き裂く』筑摩書房、2004
　　年
山田昌弘『少子社会日本——もうひとつの格差のゆくえ』岩波新書、2007年
山田昌弘、白河桃子『「婚活」時代』ディスカヴァー携書、2008年
山田昌弘『底辺への競争——格差放置社会ニッポンの末路』朝日新書、2017年
山田昌弘『結婚不要社会』朝日新書、2019年
山田昌弘「恋愛・結婚の衰退とバーチャル関係の興隆」『生活福祉研究97号』明治
　　安田生活福祉研究所、2019年
リクルートブライダル総研『婚活実態調査2019』2019年

저 자 약 력

야마다 마사히로(山田昌弘)

1957년 도쿄도에서 태어남. 도쿄대학 문학부 졸업. 도쿄대학대학원 사회학 박사. 현재 주오대학 문학부 교수. 전문은 가족사회학, 주요 저서에는 『가족의 리스트럭처링』, 『결혼의 사회학』, 『패러사이트 싱글의 시대』, 『희망격차사회』, 『가족이라는 리스크』, 『저출산사회 일본』, 『저변으로의 경쟁』, 『결혼불요사회』, 『가족난민』 등 다수.

역 자 약 력

김경회(金慶會)

한국방송통신대학교 대학원 일본언어문화학과 재학중
한국방송통신대학교 일본학과 졸업
컬럼비아대학교 경영대학원 졸업
서울대학교 경제학과 졸업

일본의 저출산 대책은 왜 실패했는가?
결혼·출산을 회피하는 진짜 원인

초 판 인 쇄	2021년 10월 01일
초 판 발 행	2021년 10월 11일

저　　　자	야마다 마사히로(山田昌弘)
역　　　자	김경회(金慶會)
발　행　인	윤석현
발　행　처	제이앤씨
책 임 편 집	최인노
등 록 번 호	제7-220호

우 편 주 소	서울시 도봉구 우이천로 353 성주빌딩
대 표 전 화	02) 992 / 3253
전　　　송	02) 991 / 1285
홈 페 이 지	http://jncbms.co.kr
전 자 우 편	jncbook@hanmail.net

ⓒ 김경회 2021 Printed in KOREA.

ISBN 979-11-5917-183-3 13330　　　　　　정가 12,000원